환경재난과 지역사회의 변화
허베이스피리트호 기름유출사고의 사회재난

이 도서의 국립중앙도서관 출판시도서목록(CIP)은 e-CIP홈페이지(http://www.nl.go.kr/ecip)와 국가자료공동목록시스템(http://www.nl.go.kr/kolisnet)에서 이용하실 수 있습니다.(CIP제어번호 : CIP2011003285)

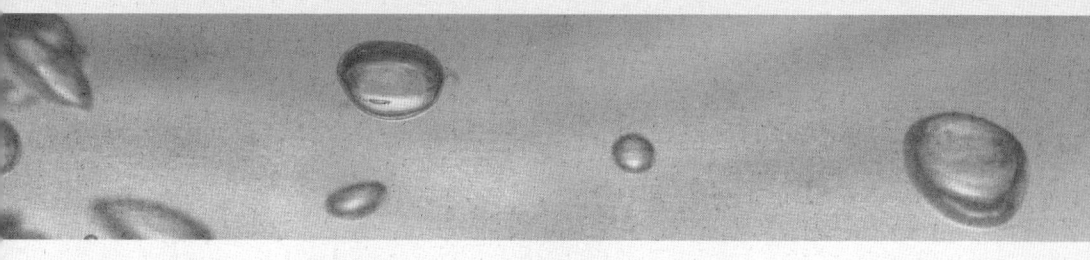

환경재난과 지역사회의 변화
허베이스피리트호 기름유출사고의 사회재난

김도균 지음

한울
아카데미

[일러두기]
이 책에 나오는 마을의 이름은 실제 이름과 다른 가명을 사용했음을 밝혀둡니다.

| 들어가는 말 |

　태안 앞바다에서 대형 기름유출사고가 발생한 지 벌써 3년 6개월이 지났다. 사고 직후 120만 명에 이르는 대규모 자원봉사자들이 태안으로 몰려들었다. 해안을 가득 메운 자원봉사자 물결은 기름을 뒤집어쓴 바다만큼이나 스펙터클한 광경을 연출했다. 대규모 자원봉사자들이 방제작업에 참여하면서 눈에 보이던 기름띠가 제거되어 사고 초기 암울했던 전망보다는 빠른 속도로 태안 지역사회가 안정을 찾아가는 것처럼 보였다. 하지만 이는 겉으로 보이는 모습일 뿐 주민들은 여전히 사고 이전의 삶을 회복하지 못한 채 재난피해로 신음하고 있다. 그 단적인 사례가 2010년 2월에 일어난 피해 주민 성 모 씨의 자살사건이다. 2008년 1월에 일어났던 세 건의 자살이 사고 직후 주민들이 사고로 인해 얼마나 큰 충격을 받았는지를 보여주는 것이라면, 사고 발생 2년이 지난 후에 발생한 자살은 그동안 주민들이 지속적으로 재난피해에 노출되어 있었음을 보여주는 명백한 증거이다.
　이 연구는 기름유출사고 이후 지역주민들이 겪은, 혹은 지금도 겪고 있는 '고통'에 관한 기록이다. 특히 자연적 순환 과정과 경제·사회문화적 순환 과정이 통합되어 있는 어촌마을을 연구대상으로 하여 기름유출 사고가 미친 사회경제적 영향을 밝혀보고자 했다. 연구단위로 마을을 선정한 이유는 마을이 지니는 장소적 의미 때문이었다. 마을은 지역사회의 가장 작은 기초 단위로 주민들의 생산과 생활, 생각과 감정 등의 일상적인 교류가 이루어지는 장소이다. 즉, 구체적인 삶의 장소를 통해서 재난영향의 생생한 모습을 관찰할 수 있을 것이다. 또한 공동체와 피해 주민 간의 유기적인 관계 안에서 재난영향에 접근할 때 개인 수준으로 환원할 수 없는 집합적 효과 및 집합적 피해를 명확하게 밝혀낼 수 있다.

현재 태안 주민들이 경험하고 있는 사회경제적 영향은 기름유출로 인한 해양생태계 오염에서 출발하지만 재난관리와 책임의 당사자인 국가, 기업, IOPC기금 등의 대응으로부터 일어난 파급도 상당하다. 사고 이후 태안 주민들이 경험하고 있는 고통의 일차적인 원인은 이런 관련 세력들의 대응에서 찾아볼 수 있다. 적시성과 적절성을 확보하지 못한 정부정책과 가해 기업에 대해 어떠한 책임도 묻지 않는 정부의 자세, 가해 기업에 일방적으로 유리한 법원의 판결, 가해 기업의 끊임없는 책임회피전략 그리고 과학적·합리적·객관적인 입증자료에 근거한 피해만을 산정하겠다는 IOPC기금의 기술관료적 태도로 인해 피해 주민들의 사회경제적 피해가 장기화되고 있다. 하지만 이러한 외부 요인만을 고려할 경우 현실세계에서 마을별로 서로 다르게 나타나고 있는 사회경제적 영향과 그 차별성을 가져온 요인들을 설명할 수 없다.

본 연구가 선행연구들과 뚜렷하게 구분되는 점은 바로 서로 다른 사회경제구조를 지닌 마을 간 비교연구를 수행했다는 것이다. 그리고 이를 통해 마을의 미시적인 사회경제구조가 재난의 사회경제적 영향과 어떻게 조응하는지를 탐구했다. 즉, 동일한 외부 조건이 주어졌을 때 어떤 공동체가 어떻게 재난에 더 효과적으로 대응했고 어떤 공동체가 그렇지 못했는지를 밝혀내고자 했다. 흥미로운 사실은 주민들 사이의 상호의존적인 사회경제구조를 발전시켜온 마을공동체가 재난 상황에서 주민들의 의견과 행동을 더 잘 조정하고 있다는 것이다. 그리고 이러한 마을공동체의 경우 사고 이전부터 경제적 행위가 비경제적인 목표를 포함한 훨씬 넓은 공동체적 사회관계 안에서 이루어지는 구체적인 경험을 축적하고 있었다. 이러한 경험이 재난이라는 극단적인 상황에서도 주민들의 기회주의적 행동을 조정할 수 있는 사회적 자원을 풍부하게 만들어냈다.

이 책은 필자의 박사학위논문 「환경재난과 지역사회의 변화: 허베이스피리트호 기름유출사고가 어촌마을에 미친 사회경제적 영향 비교」를 수정·보완한 것이다. 어려운 출판 환경 속에서도 단행본 출간을 결정해준 도서출판 한울에 감사드린다. 한울 출판사의 결정은 학문의 길을 걷고 있는 필자에게 그 어떤 것보다 큰 격려가 되었다. 학위논문에 없던 내용도 새롭게 첨부했고 문단과 문장도 손을 보았다. 완성도 있는 결과물로 출판사의 격려에 화답하고자 노력했다.

이 책이 작게나마 한국의 환경사회학에 관한 논의를 확장하는 데 도움이 되었다면 많은 분들의 지도와 도움 때문이다. 먼저 지도교수 박재묵 교수님께 감사드린다. 박사과정에 있는 동안 학문적 가르침뿐 아니라 공부에만 전념할 수 있도록 많은 배려를 해주셨다. 다음으로 세심한 검토와 유용한 지적으로 논문의 방향을 잡아주신 네 분의 심사위원 이시재, 송정기, 박노영, 김필동 교수님께 고마움을 전한다. 김필동 교수님께는 특별한 감사의 마음을 전하고 싶다. 김필동 교수님은 연구책임자로 계신 충청문화연구소 마을연구단에서 필자가 일하도록 배려해주셨다. 마을연구단에서의 경험이 논문의 아이디어를 구상하고 연구를 진행시키는 데 큰 도움이 되었다. 그리고 심사 과정에 직접적으로 참여하지 않았지만 대학원 여름 세미나에서 조언을 해주신 김선건, 전광희, 이동인 교수님께도 감사드린다. 그뿐만 아니라 학부와 석사과정에서 가르침을 주신 전북대학교 김영기, 김영정, 정학섭, 남춘호, 송정기, 정철희, 설동훈 교수님께도 감사드린다.

추운 겨울날 설문조사를 스스럼없이 도와준 충남대학교 사회학과 대학원생 한국보, 주연, 이정림, 학부생 정윤희, 이정은, 김지은, 박은아, 송영임에게도 고마운 마음을 전한다. 유학생인 한국보, 주연 학우는 아무런 대가 없이 여러 차례 도와주었다. 책의 편집을 정성들여 해주신 도서출판 한울의 염정원 씨에게도 감사의 마음을 전한다. 그리고 환경사회학을 내게 소개하고 공부해볼 것을 권유한 아내이자 동학인 이정림에게 고마움을 전한다. 아내는 항상 든든한 나의 동지이다. 마지막으로 기름유출 피해 지역의 주민들에게 깊은 감사를 표한다. 힘든 상황 속에서도 조사에 응해주었다. 이 분들의 생생한 증언이 없었다면 이 논문은 완성되기 어려웠을 것이다. 태안의 환경이 하루 빨리 복원되어 주민들이 과거와 같은 평화로운 삶을 되찾기를 진심으로 바란다.

2011년 7월
대전시민아카데미 연구공간 '수작'에서
김도균

차례

들어가는 말 / 5
어촌마을에서 본 기름유출사고 / 10

제1장•
이론적 배경과 연구방법 / 19

제2장•
기름유출사고의 전개와 관련 세력들의 대응 / 55

제3장•
어촌마을의 사회경제구조 / 93

제4장•
기름유출사고가 어촌마을에 미친 사회경제적 영향 / 138

제5장•
사회경제구조와 재난이 어촌마을에 미친 사회경제적 영향 / 188

제6장•
재난에 강한 공동체를 위하여 / 205

참고문헌 / 214
찾아보기 / 228

•• 어촌마을에서 본 기름유출사고

2007년 12월 7일 만리포 앞 바다에서 유출된 기름피해는 생태계는 물론 사람들의 마음에 커다란 상처를 줬다. 기름범벅의 바다와 처절했던 기름제거. 위대한 자원봉사자의 행렬들과 공포에 짓눌린 사람들의 집단행동. 이 모두가 처음 있는 일이다. 처음 겪는 일이었다. 때론 잊고 싶은 지난 1년의 기억들이다(정낙추, 2009).

'마을을 연구'하기가 아닌 '마을에서 연구'하기

2007년 12월 7일 태안군 만리포 해상에서 홍콩 선적 14만 6,848톤급 유조선 허베이스피리트(Hebei Spirit)호와 삼성중공업 소속 크레인 부선(삼성1호, 1만 1,828톤)이 충돌하면서 1만 2,547킬로리터나 되는 막대한 양의 기름이 서해로 유출되었다. 유출된 기름은 충청남도 태안반도부터 제주도 인근까지 광범위한 연안바다를 오염시켰다. 특히 태안군은 내륙 깊숙한 해안선까지 기름띠가 강하게 부착되는 극심한 환경재난(environmental disaster)을 경험했다.[1] 그리고 이 환경재난은 바다자원에 대한 의존도가 높은 태안 지역사회의 특징으로 말미암아

연이은 사회재난(social disaster)을 불러왔다(박재묵, 2008).

태안군은 육지의 폭이 좁고 남북으로 길게 늘어진 반도 지형으로 모든 읍·면 단위 행정구역이 바다를 접하고 있어 일찍이 어업이 발달했다. 과거보다 어가(漁家) 및 어업종사자가 많이 줄어들었지만 여전히 어업은 농업과 함께 태안의 핵심 산업이다. 여기에 태안해안국립공원의 아름다운 경관, 풍부한 먹을거리 그리고 2001년 개통된 서해안고속도로 덕분에 관광업도 빠르게 성장하고 있다. 태안은 바다가 오염될 경우 환경재난을 넘어 사회재난이 발생할 수 있는 환경적으로 매우 민감한 지역이다. 즉, 이번과 같은 대규모 기름유출사고는 태안사회에 큰 충격을 주었을 것이다.

이 글은 이러한 맥락에서 환경재난이 태안 지역사회에 미친 사회경제적 영향을 밝혀보고자 했다. 특히 지역사회의 기초 단위인 마을들을 비교연구했는데, 이는 다음과 같은 이유 때문이다. 이번 사고와 관련된 기존의 사회과학연구들이 태안군 전체 혹은 하나의 마을만을 분석단위로 연구하여 현실세계에서 마을별로 서로 다르게 나타나고 있는 사회경제적 영향의 차별성과 그 원인을 밝혀내지 못하고 있기 때문이다. 그러나 마을 간 비교연구를 통해 차별적인 사회경제적 영향과 그 요인까지 밝혀낼 수 있어야 이번 사고가 미친 사회경제적 영향을 종합적으로 이해할 수 있다.

---

1) 이번 기름유출사고는 발생원인 측면에서 보면 선박사고라는 점에서 기술재난(technological disaster)이지만 사고의 결과 측면에서 보면 환경재난에 해당된다(박재묵, 2008).

이러한 문제의식 속에서 다음과 같은 연구목적을 설정했다. 첫째, 마을별로 이번 사고가 미친 사회경제적 영향의 양상을 밝혀본다. 구체적으로 말하자면 사고 이후 주민들의 경제활동과 경제생활, 경제적 자원이 어떻게 변화되었는지를 밝혀보는 것이다. 그리고 사회적 차원에서는 주민들 사이의 협력과 갈등, 마을지도능력과 일상적인 주민교류의 변화를 밝혀볼 것이다. 이상의 항목은 사고 이후 마을의 종합적인 변화상을 이해하는 데 도움이 될 것이다. 둘째, 마을별로 서로 다른 사회경제적 영향을 가져온 요인들을 밝혀본다. 이번 사고에 의한 사회경제적 영향은 해양생태계의 오염이나 정부 및 기업 등 관련 세력들의 대응과 같은 외부 요인뿐 아니라 재난에 처한 공동체의 내부 요인, 즉 마을의 미시적인 사회경제구조를 반영한다. 공동체의 내부 조건을 고려하지 않을 경우 현실세계에서 마을별로 서로 다르게 나타나는 사회경제적 영향의 차별성을 설명할 수 없다. 따라서 다음 연구목적은 분석 대상인 어촌마을들의 사회경제구조를 밝히는 것이 된다. 마을의 사회경제구조는 경제구조와 사회자본(social capital)을 통해 접근할 것이다. 환경오염의 일차적 충격이 마을의 물적 토대인 경제부분에 가해지기 때문에 마을의 경제구조는 경제적 영향을 완화 또는 증폭시키는 주요한 요인으로 작동한다. 사회구조는 행위자들의 사회관계를 나타내는 사회자본 개념을 활용했다. 사회자본은 조직과 집단성원들 사이의 연결망(network), 신뢰(trust), 호혜성(reciprocity)의 형태로 존재하여 행위자들 간의 협력을 촉진한다는 측면에서 차별적인 사회적 영향의 요인으로 작동할 수 있다. 마을의 사회경제구조와 사회경제적 영향 사이의 인과관계를 밝히는 작업은 재난에 처한 마을공동체의 방어력 혹은 취약성 변수를 드러내는 작업이기도 하다.

이상의 연구목적들은 이번 사고로 말미암은 재난의 영향을 종합적으로 이해하는 데 도움을 줄 뿐 아니라, 앞으로 지역사회의 복원을 위한 지원정책을 수립하는 데에도 유용할 것이다. 그리고 이 연구는 소규모 어촌마을을 연구대상으로 하지만, 어촌마을을 통해 자연자원에 대한 의존도가 높은 인간공동체가 환경오염에 얼마나 취약한지를 밝힘으로써 환경변화와 지역사회의 변화라는 보편적인 환경사회학의 연구주제로 확장된다. 따라서 이 연구는 '마을을 연구'하는 것이라기보다는 '마을에서 연구'하는 것이라는 표현이 더 적절하다(기어츠, 1998: 37).

앞선 연구가 남긴 것들

재난연구

지금까지 국내에서 진행된 재난에 관한 사회과학연구는 주로 행정학·심리학·사회학 분야에 집중되어 있었다. 양적인 측면에서 보면 행정학이 재난연구에 가장 많은 관심을 쏟았다. 행정학 분야의 재난연구는 재난관리체계(김영수, 1998; 이재은, 2004; 이재은·양기근, 2005; 김응락·이현담, 2008)와 재난관리의 효율성을 증진하려는 목적의 연구들이 주를 이룬다(이재은, 2007; 이재은·양기근, 2004: 강영훈, 2008). 전자의 연구들은 국내 재난관리체계의 문제점을 지적하면서 그 대안으로 선진국에서 채택한 재난통합관리체계의 구축, 재난영향평가제도의 도입 그리고 재난관리 전 과정(예방, 준비, 대응, 복구)에서 전문성·통합성·현장성을 기반으로 하는 재난관리시스템의 구축을 주장했다. 반면에 후자의 연구들은 주로 공공부문에서 담당했던 위기관리기능을 민간부문과의 협치를 통해 재난관리의 효율성을 증진시키자고 주장한다. 즉, 국가 재난관리체계만으로는 재난관리의 효율성이 떨어지기 때문에 민간부문과의 협조, 민간부문에 대한 법적·제도적 지원체계를 구축할 필요성이 있다는 것이다.

심리학 분야에서는 재난 피해자들이 겪는 정신적 고통을 설명하고 이를 치유하기 위한 '정신보건지원체계 구축'의 필요성을 제안하는 연구들이 주로 진행되었다(신선인, 2000: 이선자 외, 2006; 이윤주, 2004; 최남희, 2005; 최남희 외, 2007). 자연재해 피해자들의 정신적 충격이나 우울 정도(최남희 외, 2007), 대구지하철 화재폭발사고의 부상자들과 피해자 가족들이 겪는 외상 후 스트레스장애(Post-Traumatic Stress Disorder: PTSD) 정도를 측정하고, 의학적 조치는 물론 심리 상담과 심리치료의 필요성을 제안했다(최남희, 2006: 홍종관 외, 2005). 최근 소방방재청(2008)은 이러한 요구를 종합하여「재난 피해자 심리관리지원체계 구축방안 연구」라는 보고서를 발간했다. 이 보고서는 체계적인 심리관리를 위하여 단계별·기능별 심리관리 대상자와 필요한 인력, 심리관리의 접근절차와 실행 방법 그리고 심리관리요원의 교육과 재난 피해자 교육 등의 운용방안을 담고 있다.

사회학 분야의 재난연구들은 거시구조적 맥락 안에서 대형 기술재난들의 발생 원인에 관심을 두었다. 특히 한국적 발전모델이라고 할 수 있는 압축적 근대화 모델이 갖는 한계점과 서구의 위험사회론(risk society)

을 결합하여 대형 기술재난의 발생 원인을 설명했다. 그리고 그 설명 과정에서 서구와 다른 한국적 위험사회의 구조를 밝혀내기 위해 '이중 위험사회(김대환, 1998)', '총체적 위험사회(성경륭, 1998)', '복합위험사회(장경섭, 2003)', '이중적 복합위험사회(임현진, 2003)'라는 개념들을 만들었다. 이러한 개념들은 서구 위험사회와 한국 위험사회 사이에 존재하는 동시성, 즉 보편성을 인정하면서도 비동시성, 즉 특수성을 강조한다. 그리고 그 특수성이 한국 현대사가 경험한 압축적 근대화에서 기원하고 있음을 강조했다. 즉, 초고속 성장을 지탱해온 힘 자체가 위험요인들의 발생 원인으로 작용했다는 것이다(이재열, 2003). 이러한 사회학 연구들은 재난발생의 원인이 이미 우리 사회 속에 있었다는 사실을 체계적으로 설명해주지만 재난의 발생 원인에 집중한 나머지 재난의 사회적 영향에 관한 문제는 소홀히 다루고 있다. 그러나 재난이 인간과 인간사회에 부정적인 영향을 미친다는 점에서 재난의 사회적 영향은 복합적인 사회문제로서 사회학의 주요한 연구영역이라고 할 수 있다.

환경변화의 사회적 영향에 관한 연구

환경변화가 가져오는 사회적 영향에 관한 연구는 1990년대 후반부터 인류학과 사회학을 중심으로 시작되었다. 주로 대규모 간척사업과 댐 건설에 따른 환경변화가 지역사회와 주민들에게 미쳤거나 혹은 미쳤을 것으로 예상되는 사회문화적·경제적 영향이 주요 관심사였다. 그리고 이러한 연구들은 당시 개발담론과 생태담론의 첨예한 사회적 대립 속에서 주로 생태담론의 입장을 나타냈기에 연구성과들이 환경보전을 위한 이론과 실천활동을 위한 자원으로 적극 활용되었다.

대규모 간척사업에 따른 사회영향연구는 서산 A·B간척사업 관련 연구(유철인 외, 1996; 윤형숙, 2001: 김부성, 1996), 시화지구 간척사업 관련 연구(한경구 외, 1998), 새만금 간척사업 관련 연구(김준, 2007a; 김경완, 2008; 전진섭, 2004; 박재묵, 2002; 함한희, 2002; 2004a; 2004b; 윤박경, 2004)로 나누어볼 수 있다. 그러나 서산 A·B간척사업을 다룬 연구들은 환경변화에 따른 사회영향을 하나의 하위 영역으로만 취급하고 있어 이 분야의 본격적인 출발이라고 보기는 어렵다. 본격적인 출발은 한경구(1998) 등의 인류학자들이 수행한 『시화호 사람들은 어떻게 되었을까』이다. 이 연구는 시화호 방조제공사(1987~1994년)로 인해 바다와 갯벌이 파괴되면서 발생한 경제·사회문화의 변화 과정을 생생하게 기록했다. 기존의 생업 기반인 바다환경이 파괴되면서 바다와 관련된 노동능력과 사회관계가 사라지고 있다는 사실들을 밝히고 있다.

이후 이러한 문제의식은 새만금 간척사업(1991~2006년)과 영월 동강댐 건설 사례로 확장되었다. 그리고 그 과정에서 인류학자뿐 아니라 환경사회학자들이 적극적으로 연구에 참여하면서 환경사회학의 중요한 연구영역으로 자리 잡았다. 새만금 관련 연구를 보면 박재묵(2002)은 주민 갈등을 중심으로 지역사회의 변동을 다루었고, 함한희(2002; 2004b), 전진섭(2004), 김경완(2008) 등은 어민들이 위기의식 속에서 어민문화의 정체성을 강화시키고 있다는 사실을 밝혀냈다. 그리고 김준(2007a)은 새만금 물막이공사 완료 후에 나타난 사회변화와 함께 주민들이 육체적·심리적 피해를 경험하고 있다는 사실을 증명했다. 이 외에도 에코페미니즘(eco-feminism) 관점에서 여성과 환경의 관계에서 오는 운동성을 주제로 한 연구들이 있다(함한희, 2004a; 윤박경, 2004).

간척사업과 관련된 연구들은 간척사업 이후 혹은 공사가 진행 중일 때 연구조사가 수행됐지만, 영월댐 관련 연구들은 공사 이전에 연구조사가 이루어진 사회영향평가(Social Impact Assessment)이다. 연구방법으로는 인류학의 현지조사방법과 함께 미국의 사회학자들이 개발한 사회영향평가 방법을 적극적으로 활용했다. 이 연구조사는 정부와 환경단체가 공동으로 실시한 영월댐 건설 타당성 조사를 목적(문화영역)으로 수행되었기 때문에 연구결과가 영월댐 건설 백지화에 어느 정도 영향을 미쳤다(이시재, 2008). 그리고 개발사업과 관련하여 기존에 이루어졌던 환경영향평가(Environmental Impact Assessment)의 문제점을 지적하고 사회영향평가의 중요성을 강조하는 정책적 계기를 마련했다.

허베이스피리트호 기름유출사고 관련 연구

1995년 14만 4,567톤급 시프린스(Sea Princes)호가 여수 소리도 앞바다에서 좌초되며 대형 기름유출사고가 발생했음에도 이와 관련된 사회과학연구들은 진행되지 않았다. 반면 허베이스피리트호 기름유출사고와 관련해서는 신속하게 연구가 진행되었을 뿐 아니라 사회학·행정학·심리학·경제학·사회복지학·법학·신문방송학 등 사회과학의 전 학문분야에서 관심을 보였다. 이러한 배경에는 사고의 규모, 국민적 관심, 시화호·새만금·영월댐 관련 연구들을 통해 축적된 연구성과와 사고 초기에 개입하는 것이 정책적 효과를 높이는 데 유리하다는 연구자들의 판단이 작용한 것으로 보인다.

여기에서는 이 글의 주제와 관련 있는 연구성과들을 중심으로 검토했다. 박재묵(2008)은 환경재난이 연쇄적인 사회재난으로 발전한 원인을 책임당사자인 정부와 기업의 책임이행 지연에서 찾고 '책임의 제도화'를 발전시킬 것을 주장했다. 이시재(2008; 2009)는 사회영향평가 방법을 응용한 연구조사를 통하여 소득 수준이 낮을수록 더 큰 피해를 입었다는 사실과 지역 및 업종에 따라 차별적 영향이 나타났다는 사실을 밝혀냈다. 그리고 홍덕화와 구도완(2009)은 사고 이후 지역사회에서 나타난 주민 갈등의 원인을 '갈등의 제도화'와 '공동체 내부화'라는 개념으로 설명했다. 즉, 재난피해 중 일부만이 정부·국회·법원과 같은 국가기구의 제도화된 시스템 안에서 제도화되고 나머지 피해들은 시스템 밖으로 내보내진 결과 외부 집단과의 갈등이 공동체 내부로 전이되었다는 것이다. 그러나 이상의 연구들은 태안군 전체를 하나의 분석단위로 하여 현실세계에서 마을별로 서로 다르게 나타나는 사회경제적 영향과 그 요인들을 밝혀내지는 못했다. 다만 김도균과 이정림(2008), 이재열과 윤순진(2008)의 연구가 소규모 어촌마을을 분석단위로 삼고 마을의 내부 조건이 어떻게 재난영향에 반영되었는지를 부분적으로 설명할 뿐이다. 하지만 이들 또한 하나의 마을만을 분석하여 차별적인 사회경제적 영향과 그 요인 사이의 인과관계를 충분하게 설명하지는 못했다. 따라서 서로 다른 사회경제구조를 가진 어촌마을 간의 비교연구를 수행하면 선행 연구들의 공백을 메우는 데 기여할 뿐 아니라 재난영향의 방어력 혹은 취약성 변수도 함께 밝혀낼 수 있을 것이다.

·· 제1장

이론적 배경과 연구방법

1. 이론적 배경

1) 재난과 지역사회

(1) 재난의 유형과 복구 과정

재난은 물리적 환경과 사회적 환경에 부정적인 영향을 미치는 비일상적인 사건이다(Erikson, 1976; Bruhn, 2004에서 재인용). 따라서 재난 이후에는 반드시 복구 과정이 필요하다. 일반적으로 재난은 발생 원인에 따라 자연재난(natural disaster)과 기술재난으로 나뉜다. 하지만 이러한 분류방식은 도시화, 산업화 그리고 복잡한 기술체계를 발전시킨 현대사회에서 재난이 갖는 환경과 사회에 대한 위험성을 충분하게 반영하지 못한다. 이러한 측면에서 독성 유무를 새로운 기준으로 추가

〈표 1-1〉 재난의 유형

원인 독성	인간	자연
무독성	무독성 기술재난 (화재, 댐 붕괴, 비행기 추락, 폭발 등)	무독성 자연재난 (허리케인, 홍수, 토네이도, 지진 등)
유독성	유독성 기술재난 (기름 유출, 독성화학물질 유출, 방사능 누출, 독성쓰레기오염 등)	자연적 기술재난 (자연적 유독성 기술재난)

자료: Erikson(1994); Picou(2008)에서 재인용, 일부 수정.

시킨 에릭슨(Erikson, 1994)의 분류방식은 위험사회에서 재난이 갖는 위험성과 영향력을 잘 인식시켜 준다.

1986년의 체르노빌(Chernobyl) 원자력발전소 사고, 1984년 인도의 보팔(Bhopal) 참사, 1989년 엑손 발데즈(Exxon Valdez)호 기름유출사고 등이 대표적인 유독성 기술재난으로, 그 피해가 사고 발생 지역을 넘어 공간적으로 크게 확장되었을 뿐 아니라 시간적으로도 장기적인 영향을 미치고 있다. 그리고 도시화, 기술과 산업의 팽창으로 인해 자연적 기술재난(natural-technological)의 발생 가능성이 높아지고 있다. 이러한 유형의 재난은 발생 원인의 측면에서 보면 자연재난이지만 재난의 직간접적인 영향으로 인해 유해물질이 환경에 유출된다는 점에서 유독성 기술재난의 특징을 보인다. 2005년에 미국 뉴올리언스 지역을 강타한 허리케인 카트리나(Katrina)가 이러한 재난유형의 대표적인 사례이다. 당시에는 '카트리나 기름유출(Katriva Oil Spill)'이라고 부를 수 있을 만큼 많은 양의 기름이 유출되었는데, 이는 미국 최악의 기름유출사고로 기록된 엑손 발데즈호 사고 다음으로 많은 양이었다. 그뿐만 아니라 당시 도시를 침수한 물이 '독성검보(toxic gumbo)'로 묘사될 만큼 환경

오염도 심각한 수준이었다(Picou and Marshall, 2007).[1]

재난발생의 원인에서 보면, 자연재난은 '신의 행위'로 인식되는 반면에 기술재난은 '인간과 기술의 실패'로 인식된다. 기술재난 연구자들은 자연재난과 기술재난의 발생 원인이 다른 만큼 상이한 영향을 미친다고 본다.

자연재난은 재난이 '자연'에 의해 '발생한다'는 점에서 인간의 통제 밖에 있으며 재난을 일으킨 책임자도 없다. 그리고 재난 피해자와 비피해자 간의 구분이 명확한 편이다. 따라서 자연재난은 합의형(consensus-type) 위기라고 할 수 있다(Picou et al., 2004). 일반적으로 자연재난은 단기간에 사회를 붕괴시키지만, 재난 이후 친사회적 행동을 급속하게 증가하는 방향으로 가치와 규범의 패러다임을 변화시킨다. 따라서 '치료공동체(therapeutic community)' 혹은 '치료의 사회순환모델(therapeutic social cycle model)'이 출현한다(Freudenburg, 1997; Picou, Marshall and Gill, 2004). 자연재난 이후에는 개인과 공동체가 비교적 신속하게 복구된다. 반면, 기술재난은 인간의 통제 여부에 따라 피할 수 있는 재난이므로 재난 발생의 책임자, 즉 가해자가 분명하게 존재한다. 그리고 생물리적 환경이 독성물질에 노출된다면 피해의 시공간 범위뿐 아니라 피해자와 비피해자 간의 구분 또한 분명하지 않을 수도 있다. 따라서 손해 배·보상과 같은 법적 문제가 중요한 쟁점으로 부상한다. 즉, 자연재난 이후 치료공동체가 등장하는 것과 대조적으로 기술재난 이후에는 '부식공

---

[1] 검보(Gumbo)는 미국 루이지애나의 요리로 특이한 향이 나는 수프식 스튜이다 (브리태니커 백과사전).

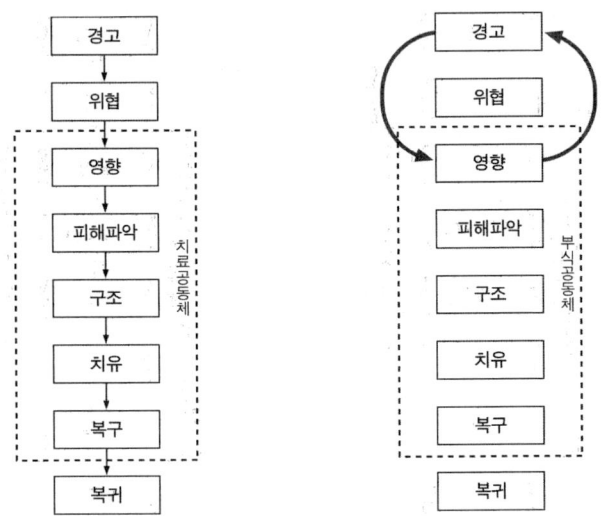

〈그림 1-1〉자연재난의 치료 모델   〈그림 1-2〉기술재난의 부식 모델

자료: Couch(1996)에서 일부 수정.

동체(corrosive community)' 혹은 '부식의 사회순환모델(corrosive social cycle model)'이 등장하게 된다(Freudenburg, 1997; Picou and Marshall, 2007; Couch, 1996).

기술재난 이후 부식공동체가 출현하게 되면 재난 피해자들은 경제위기, 사회혼란과 갈등, 건강 악화 및 손해 배·보상의 불확실한 상황에 지속적으로 노출된다. 그뿐만 아니라 자기고립과 사회관계의 균열로 인해 효과적인 대응도 할 수 없게 된다. 따라서 기술재난은 '갈등 지향적 재난(conflict prone disaster)' 혹은 '끝나지 않는 재난(never ending disaster)'으로 설명된다(Picou, Marshall and Gill, 2004; Picou, 2008; Couch, 1996). 즉, 기술재난이 자연재난보다 인간과 인간사회에 더 심각하고 장기적인 영향을 미친다는 것이다. 물론 기술재난 이후에도 치료 과정이 나타나지만 부식 과정이 치료 과정을 압도하는 경향이 강하게 나타난다 (Picou and Marshall, 2007).

기술재난을 연구하는 사회학자들은 기술재난 이후 부식공동체가 출현하여 공동체가 지속적으로 침체하는 이유를 국가의 대응, 법적 소송의 장기화, 정신적·육체적인 건강 악화 등에서 찾고 있다(Picou, Marshall and Gill, 2004; Picou, 2008; Picou and Marshall, 2007; Marshall, Picou and Gill, 2003). 자유민주주의 국가는 갈등관계에 놓인 '축적과 정당화'라는 두 가지 기본 기능을 수행해야 한다(오코너, 1990: 17). 이는 국가가 자본축적이 가능한 조건을 유지·창출하는 동시에 사회적 조화를 유지하는 정당화 기능 또한 충족시켜야 한다는 것을 의미한다. 재난 발생의 원인이 자연이라면 국가는 이미 구축된 재난관리체계에 따라 신속하고 분명한 대응이 가능하다. 하지만 기업에 의해 발생한 기술재난이라면 국가의 역할이 다소 복잡하고 모호한 상황에 부닥치게 된다. 재난 피해자들의 요구를 수용하는 정당화 기능을 수행하는 동시에 재난 발생의 책임자인 기업의 경제활동을 격려해야 하기 때문이다.

다음으로 기술재난은 재난 발생의 책임당사자, 즉 가해자가 존재하기 때문에 법적 소송이 일어날 가능성이 크다. 재난 피해자들은 법적 판결을 통해 정당한 배상을 받고자 한다. 하지만 피해자들은 자신들이 입은 피해를 입증할 만한 충분한 과학지식을 갖고 있지 않을뿐더러 전문가를 고용할 만한 자원도 부족하다. 반면에 기업은 피해자들의 정당한 비판을 과학지식이 부족한 것으로 평가절하하고 자신들에게 유리한 방향으로 기술적 헤게모니와 제도적 정당성을 유지할 수 있는 힘이 있다. 따라서 법적 소송이 장기화되고, 그만큼 공동체의 복원이 지연되어 장기간에 걸쳐 집합적 트라우마(collective trauma)를 만들어낸다.

기술재난 이후 부식공동체가 출현하는 또 다른 이유는 기술재난 피해자들이 자연재난 피해자들보다 정신적·육체적 건강이 더 불안정하기 때문이다. 연구에 따르면 심리적 스트레스는 자연재난보다 기술재난에서 더 크게 나타난다. 심리적 스트레스의 심각성·지속성·파급력은 극단적 피해, 광범위한 재산상의 피해, 지속적인 재정문제, 인간에 의한 부주의나 의도로 인해 발생한 재난, 목숨에 대한 위협과 죽음이 확산된 경우에 더욱 가중된다(Norris et al, 2001). 또한 기술재난으로 인해 유독성 물질에 노출되면 육체적 건강에도 장기간에 걸쳐 손상을 입힌다.

이 같은 논의에 근거하면 기술재난 이후 재난피해의 장기화 여부는 국가기관 및 기업의 대응 그리고 손해 배·보상의 법적·제도적 문제와 관련되어 있음을 알 수 있다. 일부 자연재난 연구자들은 위와 같은 구분이 너무 과장된 것이며 재난유형과 재난영향 사이에는 특별한 연관성이 없다고 주장하기도 한다(Alexander, 1993; Quarantelli, 1992; Picou, Marshall and Gill, 2004에서 재인용). 예를 들면, 가뭄이나 화산 등과 같은 자연재난은 장기간 진행된다는 점에서 인간사회에 장기적 영향을 미친다. 따라서 자연재난과 기술재난을 구분하기보다 재난의 요소, 즉 친숙함,[2] 공격 속도, 경고 기간, 충격의 범위 등을 기준으로

---

[2] 친숙함이란 우리가 직·간접적인 경로를 통해서 빈번하게 경험할 수 있는 재난인지 그렇지 않은 재난인지를 의미한다고 할 수 있다. 예를 들면 홍수, 태풍 등이 비교적 친숙한 재난이라면 방사능 누출 등은 아주 낯선 재난에 해당한다.

인간과 조직의 대응을 이해하는 것이 중요하다고 주장한다(Tierney, Lindell and Perry, 2001: 192~193). 그리고 또 다른 한편에서는 재난을 사회구성주의 관점에서 이해하여, 재난에 대한 해석이 인간이 고안한 시스템의 실패로 이동하고 있다고 주장한다. 따라서 과거에 신의 행위로 인식되었던 자연재난 또한 이제는 인간의 행위로 인식된다는 것이다(Tierney, Lindell and Perry, 2001: 195). 하지만 이러한 반론에도 자연재난과 기술재난의 특성과 영향을 구분하여 이해하려는 시도는 기술재난 이후 어떻게 부식 과정이 치료 과정을 압도하게 되는지 설명할 수 있는 유용한 지침을 제공한다.

(2) 재난과 지역사회의 변화

앞의 논의를 고려해볼 때 자연재난과 기술재난은 그 영향과 복구 과정에서 차이가 있다. 그러나 공동체의 위기와 관련된 측면에서는 재난의 유형에 관계없이 유사한 재난영향을 공유하기도 한다(Bruhn, 2004: 102). 따라서 이 장에서는 앞의 논의를 고려하면서 재난이 지역사회에 미치는 생태적·경제적·사회문화적·신체적·심리적 영향을 종합적으로 구성해보고자 한다. 현재까지는 재난영향에 관한 종합적인 이론틀이 없는 상황이다. 따라서 여기에서는 국내외 선행연구들을 참고하여 재난이 지역사회에 미치는 종합적인 영향을 귀납적 방식을 통해 구성해보았다. 그 결과 크게 아홉 가지로 압축할 수 있었다.

첫째로 재난은 물리적 환경을 파괴하거나 손상시킨다. 자연재난이 주로 건조환경 및 수정환경을 파괴한다면 기술재난은 주로 생물리적 환경에 손상을 입힌다(Erikson, 1994; Picou and Marshall, 2007).

둘째로 재난은 경제적 피해 혹은 변화를 일으킨다. 재산상의 피해를 가져올 뿐 아니라 기존의 경제활동을 중단시키거나 약화시킨다.

셋째로 재난은 사회적 혼란, 경쟁과 갈등을 유발시켜 공동체의 연대를 약화시킨다(Freudenburg, 1997; Picou, 2008; Bruhn, 2004: 104). 재난 발생 이후에는 공동체 내부에 도움이 필요한 사람들이 극적으로 증가하지만 모두 피해를 당했기 때문에 이용 가능한 경제적 자원, 즉 생계자원이 극적으로 줄어든다. 따라서 성원들 간의 상호지원이 감소하고 생계를 외부의 경제적 지원에 의존할 수밖에 없어서 자원을 둘러싸고 성원들 사이에 경쟁과 갈등이 발생한다(홍덕화·구도완, 2009; 이시재, 2008; 박재묵, 2008; 이재열·윤순진, 2008; 김도균·이정림, 2008; Palinkas et al., 1993). 또한 재난은 긴장, 두려움, 유언비어를 확산시켜 성원 간의 원활한 의사소통을 방해하는 방식으로도 갈등을 유발한다(Couch, 1996).

넷째는 위와 정반대로 재난이 공동체의 연대를 강화시킬 수도 있다. 즉, 재난에 대응하는 과정에서 공동체의 결속력이 강화되는 것이다(Edelstein, 1988: 7~8; Bruhn, 2004; 함한희, 2004a; 윤박경, 2004). 새만금 간척사업이 진행되면서 다른 누구보다 먼저 여성어민들이 갯벌과 생업 간의 중요성을 인식하고 간척사업 반대운동에 적극적으로 참여했다(함한희, 2004a; 윤박경, 2004). 또한 카트리나로 인해 피해를 당한 뉴올리언스 주민들도 상호지원을 통해 개인, 이웃과 공동체를 재건하려 시도했다. 외부 지원과 대조적인 상호지원전략은 공동체 내부의 신뢰를 확산시키고 재난으로 인해 파괴된 공동체의 사회구조(social fabric)와 사회자본을 회복시키는 효과가 있다(Chamlee-Wright, 2006; Picou and Marshall, 2007에서 재인용).

다섯째로 재난은 공동체 성원 간의 일상적인 교류와 친밀성을 감소시킨다. 엑손 발데즈호 기름유출사고와 관련된 연구를 보면 사고 이후에 새로운 생계수단인 방제작업이 주민 간의 사회교류와 공동체 행사에 참여하는 것을 방해하는 것으로 나타났다(Palinkes et al, 1993). 허베이스피리트호 기름유출사고에서도 주민들은 고된 방제작업으로 인해 정신과 육체의 피로를 겪고 노동 과정에 대한 통제권을 상실하면서 사고 이전에는 활발했던 일상적인 주민교류가 급속하게 줄어들었다(김도균·이정림, 2008).

여섯째로 공동체는 하나의 체계이기 때문에 부분이 붕괴하면 공동체 전체가 영향을 받는다. 따라서 피해자와 비피해자, 1차 피해자와 2차 피해자를 구분하는 명확한 기준을 찾기란 쉽지 않다. 허베이스피리트호 기름유출사고 이후 1차 긴급 생계안정자금을 둘러싸고 벌어진 주민 갈등도 이러한 상황이 반영된 것이다(박재묵, 2008; 이시재, 2008; 홍덕화·구도완, 2009).

일곱째로 재난은 재난 이전의 불평등을 더욱 강화시키는 경향이 있다(Bruhn, 2004: 110; 이시재, 2009; Barnshaw and Trainor, 2007; Wisner et al, 2004: 11). 즉, 개인과 집단의 특성 그리고 이들이 처한 상황이 재난에 대한 대비, 대응, 저항, 복구 능력에 영향을 미친다. 중간계급 및 상층계급과 비교하여 노동계급이 재난에 더 취약할 수 있다는 것이다. 허베이스피리트호 기름유출사고와 관련한 연구에서도 사회적 약자에게 피해가 집중되었으며 회복하는 데에도 더 많은 시간이 필요할 것이라는 주장이 제기되었다(이시재, 2009).

여덟째로 재난영향은 재난에 처한 공동체의 특성 및 내부 요인을 반영한다(김도균·이정림, 2008; Buckland, 1999; 양기근, 2008; Dyer, Gill and Picou, 1992; Ritchie and Gill, 2004). 환경오염은 도시공동체보다 '자연자원의존공동체(natural resource-depent community)'에 더 치명적이며 광범위한 영향을 미친다. 자연자원의존 공동체는 생태계의 계절적 순환이 공동체의 문화적 순환 과정과 통합된 수렵·채취·농어촌공동체를 의미한다(Dyer, Gill and Picou, 1992; Ritchie and Gill, 2004). 생물학적 순환이 자연자원을 재생·성장시키고, 이 순환 과정에 따라 주민들의 경제활동이 이루어진다. 따라서 생물학적 순환 과정이 붕괴되면 그 순환 과정과 상호관계를 맺고 있는 경제적 순환 과정 또한 붕괴된다. 특히 재난 이후에 나타나는 사회적 혼란과 갈등의 정도는 공동체 내부가 축적한 사회자본과 밀접하게 관련되어 있다. 캐나다 레드 강(Red River) 주변에 있는 세 곳의 홍수피해 지역 농촌마을을 비교한 연구를 보면 사회자본이 높은 마을의 주민들이 재난 상황에 효과적으로 대응했을 뿐 아니라 갈등도 더 적었다(Buckland, 1999). 즉, 사회자본은 개인으로 환원 가능한 물질자본(physical capital), 인적자본(human capital)과는 다른 기능을 수행한다. 사회자본은 재난에 강한 공동체를 형성하는 데 일정한 역할을 담당한다(Mathbor, 2008: 양기근, 2008).

아홉째로 재난은 신체적·심리적 건강에 부정적인 영향을 미친다(Palinkes et al, 1993; Bruhn, 2004; Marshall, Picou, and Gill, 2003; 김교헌 외, 2008; 2009a; 2009b; 하미나, 2008). 재난 피해자는 부상 및 질병 등으로 신체적 고통을 겪을 수 있고 경우에 따라서는 목숨을 잃을 수도 있다. 그리고 고립감, 우울, 불안, 적대감, 자살 충동, PTSD 등과 같은 심리적 고통을 경험한다. 건강 영향은 재난의 충격 그 자체에서 유발되기도 하지만 경제적 피해, 손해 배·보상 지연, 사회적 혼란과 갈등 등과 같은 2차적 피해에 의해서도 발생한다.

2) 어촌공동체론과 사회자본

재난영향은 재난에 처한 공동체의 내부 요인을 반영한다는 점에서 어촌마을에 대한 이해를 필요로 한다. 이를 위해 '어촌공동체론'을 활용했다. 어촌공동체론은 어촌사회의 기초 단위인 자연마을 및 행정리를 분석단위로 하여 마을어장의 경제적 가치 혹은 어업의 유형에 따른 어업공동체의 변화 과정, 그리고 어업과 농업 간의 결합관계에 따른 우리나라 어촌마을의 운영원리 등을 설명한다. 따라서 어촌마을의 경제구조와 사회구조를 이해하는 데 유용한 관점을 제공한다. 하지만 어촌공동체론은 어촌마을 내부에 배태(胚胎)된 주민 간의 사회관계까지는 충분하게 설명하지 못한다. 그러므로 여기에서는 사회자본의 개념을 활용하여 이를 해결하고자 했다.

(1) 어촌공동체론

어촌공동체론에서 언급하는 공동체는 마을어장(공동어장)의 공동이용과 공동소유를 바탕으로 하는 생산적 관계와 소유적 관계의 공동체를 의미한다. 어촌공동체의 물적 토대인 마을어장은 공동체적 총유(總有)[3]를 바탕으로 성립된다. 마을어장에 대한 사적 소유권을 인정하지

---

3) 총유란 어느 집단이 소유대상물(토지·어장)을 집단으로 점취(占取)·관리하여

않으며 매매도 불가능하다. 따라서 경제활동이 사적 생산요소를 바탕으로 형성된 도시 및 다른 촌락공동체와 비교하면 상대적으로 강한 생산적·소유적 관계의 공동체를 유지한다.

어촌공동체론에 관한 연구는 어업공동체론(박광순, 1998)과 어촌공동체론(김준, 2004)으로 구분해볼 수 있다. 전자의 연구가 어촌공동체의 핵심 부분인 어업공동체, 즉 어촌계를 중심으로 한 논의라면 후자의 연구는 앞의 기본 관점을 수용하면서도 어촌공동체를 어업공동체만으로 환원할 수 없다고 본다. 즉, 어업공동체 = 어촌공동체라는 등식은 성립되지 않으며, 어업공동체에서 제외한 농촌적 영역까지 포함해야 어촌공동체에 관한 종합적인 이해가 가능하다는 것이다. 박광순이 어촌마을에 대해 어업적 관점을 취하고 있다면 김준은 어촌적 관점을 취한다. 따라서 박광순이 어업을 기준으로 하여 어업공동체의 유형[4]을 제시했다면 김준은 어업과 농업의 결합관계를 통해 어촌공동체의 유형을 제시했다.

박광순은 어업공동체의 전개형태가 존립형태(存立形態, 제1형태)에서

그 집단의 구성원들에게 균등하게 이용하도록 하지만 개별 구성원들의 지분권(持分權)은 인정하지 않는다. 따라서 개인은 그 이용권을 양도하거나 처분할 수 없고 성원의 자격을 상실하면 자동적으로 집단으로 귀속되는 소유형태이다(박광순, 1998: 93). 하지만 현실 사회에서는 어장 소유의 변질형태가 다양하게 존재한다.

4) 엄밀하게 말하면 박광순의 연구는 어업공동체를 유형화하기 위한 연구가 아니라 어업공동체의 역사적 변화 과정을 설명하기 위한 것이다. 그러나 각 유형들이 정도의 차이는 있지만 동시대에 공존하고 있다는 점에서 어업공동체를 구분하는 유형으로도 사용가능하다.

〈표 1-2〉 어업공동체의 전개형태

구분	존립형태 (제1형태)	변질형태 (제2형태)	분해형태 (제3형태)
어장 소유	총유어장	공동어장지 분화	공동어장 사적점유
입호제도	강함	약함	부재
노동형태	공동노동	개별노동+임노동 등장	개별노동+임노동 확대
경영형태	공동생산, 공동분배	개별생산, 개별판매	개별생산, 개별판매
계층분화	계층분화 미발생	계층분화 발생	계층분화 확대
어업권 종류	마을어업권	해조류 양식어업권	정치망어업권 및 구획어업권

자료: 박광순(1998: 102), 옥영수(1993: 11), 김준(2004: 53)에 기초하여 재구성.

변질형태(變質形態, 제2형태), 분해형태(分解形態, 제3형태) 순으로 변화·해체된다고 보았다(<표 1-2> 참조).

존립형태는 어업공동체의 본질이다. 어장의 소유방식이 총유형태를 띠고 있으며 입호제도(立戶制度)[5]에 기초하여 어업공동체를 강하게 유

---

5) 일반적으로 마을성원으로 인정받기 위해서는 입호권을 가져야 한다. 입호권은 지역에 따라 조금씩 차이가 있지만 가장 중요한 것은 독립적 호(戶)의 구성 여부와 거주기간이다. 입호를 신청하기 위해서는 결혼을 통해 독립된 호를 구성해야 한다. 그리고 입호를 신청하면 마을정기총회의 심사를 통해서 입호를 인정받고 일정한 액수의 입호금을 납입하고 마을성원이 된다. 입호권을 인정받아야 공동어장을 이용할 수 있는 입어권(入漁權)을 얻을 수 있으며 입호금은 양식 작목의 경제성, 어장의 규모와 비옥도, 공동체 성원의 수 등에 의해 결정된다. 그리고 외지인들에게는 일정한 거주기간을 요구하거나 원주민들보다 더 높은 입호금을 요구하는 경우도 있다. 즉, 외지인들에게 더 엄격하게 적용한다(김준, 2004: 225~227). 그러나 어촌 인구의 감소로 인해 과거보다 입호 조건이 많이 완화되었거나 형식적 의미만을 갖는 지역도 있다.

지한다. 그리고 노동과 경영 과정을 공동으로 수행한다. 이러한 형태는 자연적으로 생육하고 번식하는 해조류 및 조개류의 단순한 '채취(맨손)어업지대'에서 나타나며, 마을어업권이 이를 뒷받침한다. 채취선을 마련하는 것 외에는 자본투자가 거의 없으며 자원의 분배 과정도 평등하기 때문에 경제적 계층분화현상이 크게 나타나지 않는다(박광순, 1998: 98~99).

변질형태는 어장의 소유방식이 총유형태를 띤다는 측면에서 존립형태와 같다. 하지만 총유어장의 일정 면적을 개별적으로 분할하는 '공동어장지분화(公同漁場 持分化)', 즉 '개별점유(또는 사적점유)'현상이 나타나고, 분할된 어장 내의 노동과 경영의 모든 과정이 개별 가구에 의해 수행된다는 점에서 존립형태와 확연하게 구분된다. 물론 공동어장을 분할할 때 호당 균일한 기준을 적용하기 때문에 공동체적 평등원리가 완전히 사라진 것은 아니다. 하지만 이것은 겉으로 보이는 형식적 평등일 뿐 실제로는 개별 가구가 자본과 노동능력이 부족한 경우 타인에게 매매할 수 있다.[6] 그 때문에 공동체 내부의 계층분화와 임노동이 발생하고 공동체적 규제 또한 약한 편이다. 이러한 변질형태는 경작적 성격이 강한 해조류와 조개류 양식어업지대에서 뚜렷하게 나타난다(박광순, 1998: 99~100; 김준, 2006).

끝으로 분해형태는 어장소유가 사유이며 입호제도가 존재하지 않는

---

[6] 마을어장은 법적 차원에서 개인의 사적소유를 인정하지 않기 때문에 매매 자체가 불법이다. 따라서 여기서의 매매는 어장을 판다는 의미보다 시설비 및 권리금의 성격이 강하다(김준, 2006).

다는 점에서 앞의 두 형태와 뚜렷하게 구분된다. 정치망어업(定置網漁業)과 구획어업(區劃漁業) 같은 연안의 망어업(網漁業) 지역에서 주로 나타난다. 정치망어업은 입호제도가 분해되면서 연안에서 이루어진 자본제적 어업의 대표적인 형태로 일찍이 자리 잡았다. 반면, 구획어업은 과거에 제1종 공동어업과 제2종 공동어업으로 불렸으며, 공동체적 성격을 띠고 있었다. 그러나 개인의 행사계약으로 인해 입호제도와 공동경영의 성격이 상실되어가자 구획어업에서 공동체적 어업의 잔재가 사라져갔다(박광순, 1998: 101~103). 경제적 차원에서 보면 존립형태, 변질형태, 분해형태로 갈수록 어업공동체의 자본제적 성격과 경제적 계층분화현상이 진전되고 공동체적 성격은 점차 완화·분해되어간다.

　이상의 논의는 어업 유형에 따른 어업공동체의 변화 과정을 체계적으로 설명해준다. 하지만 현실세계에서는 어업에만 의존하는 순어촌(純漁村)이 존재하기 어렵기 때문에 어업공동체는 어촌공동체의 부분만 설명하는 것이다. 김준(2004: 58)은 이러한 한계를 극복하기 위하여 어촌공동체를 어업공동체와 마을공동체의 결합관계로 이해했다(<그림 1-3> 참조). 여기에서 마을공동체는 농업을 기반으로 하는 농촌(마을)공동체와 같은 의미이다. 따라서 어촌공동체는 어업공동체와 마을(농촌)공동체의 결합관계로 이루어진다.

　어촌공동체 유형은 농업의 비중이 높은 '농업중심형', 농업과 어업이 혼합된 '혼합형', 어업의 비중이 높은 '어업중심형'으로 분류된다. 그리고 어업중심형은 다시 마을어장의 점유방식에 따라 공동점유를 바탕으로 하는 '어장중심형A'와 개별 점유가 진전된 '어장중심형B'로 분류된다. 자연산 해조류 채취와 해조류 양식 지역에서는 어장중심형A, 어류

〈그림 1-3〉 어촌공동체의 유형

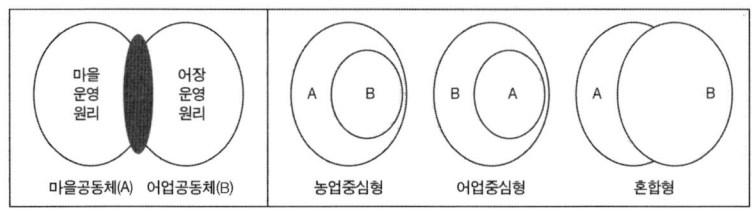

주: A는 마을(농촌)공동체, B는 어업공동체.
자료: 김준(2004: 22).

양식 지역과 일부 해조류 양식 지역에서는 어장중심형B 형태가 나타난다. 어장중심형 어촌공동체는 어업공동체의 영향력이 다른 유형에 비해 강하다. 따라서 어업공동체의 법적 실체인 어촌계의 역할이 크고 마을의 중요한 행사일정도 어업일정에 맞추어진다. 그리고 어장중심형 B 형태는 개별 점유가 뚜렷하게 나타나지만, 어업공동체가 무너진 것은 아니다. 어디까지나 내부 성원 간 개별화의 진전일 뿐 외부인에 대해 강한 폐쇄성을 갖는다는 점에서는 어장중심형A와 같다(김준, 2004: 248~249). 반면에 농업중심형과 혼합형에서는 마을어장의 경제적 가치가 낮고 어촌계의 영향력도 약하다.

김준의 연구는 동일한 양식작물 재배 지역에서도 어장의 점유형태가 다를 수 있다는 점에서 박광순의 연구와 구별된다. 하지만 두 연구 모두 마을어장의 경제적 가치가 높은 채취어업과 양식어업지대에서 어촌계의 규제가 강할 뿐 아니라 외부 집단과의 경계가 명확한 폐쇄형 연결망이 나타난다는 점에서는 같다.

김준은 박광순의 기본 입장을 수용하면서 이를 농업공동체와 결합하여 어촌공동체를 설명했다. 하지만 어촌공동체의 경제적 토대를 양식어업과 농업으로만 한정하여 어촌마을에서 또 하나의 중요한 경제활동인 어선어업을 논의에서 배제했다. 그리고 국민소득의 증가와 교통의 발달로 인해 어촌마을에서 빠르게 성장하고 있는 관광분야도 반영하지 못했다. 관광업이 발달한 어촌마을의 경제구조는 더 이상 어업과 농업의 합이 아니다. 즉, 새로운 산업의 성장과 그에 따른 경제구조의 변화를 고려할 필요가 있는 것이다. 하지만 기존 어촌공동체론의 결정적인 한계는 공동체의 경제적 토대에 집중한 나머지 어촌공동체 내부에 배태된 사회관계를 반영하지 못하여 어촌공동체에 대한 종합적 접근이 불가능하다는 것이다. 결국 물적 토대인 경제구조뿐 아니라 그 경제구조에서 파생된 사회관계까지 설명할 수 있어야 어촌공동체에 대한 총체적인 설명이 가능한 것이다.

(2) 사회자본과 어촌마을
① 사회자본의 기능, 축적과 유형

사회자본의 논의와 관련된 대표적인 사회학자는 피에르 부르디외(Pierre Bourdieu), 제임스 콜먼(James Coleman) 등이 있고, 정치학자로는 로버트 퍼트넘(Robert Putnam) 등이 있다. 부르디외에 따르면 사회자본은 "지속적인 연결망 혹은 상호면식이나 인정이 제도화된 관계, 즉 특정한 집단의 구성원이 됨으로써 획득되는 실제적인 혹은 잠재적인 자원의 총합"이다(부르디외, 2003). 그는 사회자본이 최종분석에서 경제자본으로 환원된다고 보고 사회자본을 위장된 경제자본으로 인식했다(부르디외, 2003). 따라서 부르디외에게 사회자본은 계급불평등을 재생산하는 은폐된 형태의 자본이다.

콜먼은 모든 행위유형이 행위자의 이해 실현을 증가시키는 단일한 목적 안에 있다는 합리적 선택이론의 맥락에서 사회자본을 정의한다(Coleman, 1990: 32; 김상준, 2004). 따라서 사회자본은 "주어진 구조에 속하는 개인이나 집단에 특정한 행위를 하도록 유도하고 촉진한다. 사회자본은 다른 형태의 자본과 마찬가지로 생산적"인 것이다(콜먼, 2003). 사회자본은 사회자본이 없으면 성취하기 어려운 목적을 성취할 수 있도록 해준다. 부르디외와 콜먼의 사회자본이 출발한 이론적 맥락은 다르지만, 사회자본이 행위자가 목적지향적 행위의 성공 가능성을 높이기를 희망할 때 동원할 수 있는 사회관계 및 사회구조 안에 배태된 자원이라는 점에서 서로 일치한다(린, 2008: 32).

사회자본을 목적 달성을 위한 기능적 관점, 즉 사회자본의 효과를 중심으로 이해한다는 측면에서 퍼트넘도 앞의 두 학자와 크게 다르지 않다. 그는 사회자본을 "연결망, 규범, 그리고 신뢰와 같이 상호이익을 위한 협력과 조정을 용이하게 하는 사회조직의 특성"으로 정의했다. 그에 따르면 사회자본은 집합행동의 딜레마, 즉 개인의 사적 이익과 공동체의 공적 목표 간에 갈등이 발생했을 때 이를 조정해줄 수 있는 사회적 자원이다(퍼트넘, 2001: 281). 따라서 사회자본을 높게 축적한 공동체는 그렇지 못한 공동체에 비해 자발적인 협력 수준이 더 높다. 특히 일반화된 호혜성(generalized reciprocity)의 규범은 개별이익과 연대성(solidarity)의 갈등을 해결함으로써 집합행동의 딜레마를 극복하는 데 중요한 역할을 한다(퍼트넘, 2001: 289).

이상의 내용을 보면 사회자본이 어떤 문제를 해결하는 긍정적인 자원으로 이해되는 경향이 강하다. 하지만 포르테스(2003)에 따르면 사회자본은 부정적 기능 또한 갖고 있다. 첫째로 구성원들에게 혜택을 주는 강한 유대는 외부인의 접근을 차단한다. 즉, 집단이나 조직 밖의 사람들에게 강한 배타성을 보인다. 둘째는 공동체나 집단의 규범에 따를 것을 강요하므로 사회적 통제 수준이 높고 개인의 자유를 침해한다. 특히 공동체성이 높은 소규모 마을주민들의 경우 중첩된 연결망으로 인해 공동체적 삶과 고유의 규범을 강요받게 되어 사생활과 개인의 자율성이 위축된다. 셋째로 구성원 개인의 성공이 집단의 응집력을 잠식할 경우 하향평준화 규범을 만들어 집단성원들의 이탈을 막거나 역으로 이탈을 부추긴다.

사회자본의 축적 혹은 형성과 관련하여 콜먼(2003)은 집단의 경계가 명확한 폐쇄형 연결망의 중요성을 강조했다. 집단의 경계가 모호한 개방형 연결망 안에서는 성원 간의 의무이행과 기대감, 상호감시를 원활하게 할 수 없지만 폐쇄형 연결망 안에서는 이러한 것들이 원활하게 수행되어 강한 신뢰를 형성한다는 것이다. 즉, 성원 간의 강한 연대(strong tie)가 약한 연대(weak tie)보다 사회자본의 축적에 유리하다는 것이다. 콜먼은 사회자본의 축적에서 '강한 연대의 힘(the strength of strong tie)'을 강조했다(포르테스, 2003). 그러나 다른 한편에서는 완전히 폐쇄적인 집단보다 다른 집단의 구성원들과 약한 연대를 맺고 있는 집단이 오히려 사회자본의 축적에 유리하다는 주장도 있다. 즉 '약한 연대의 힘(the strength of weak tie)'을 강조하는 것이다(Granovetter, 1973; 포르테스, 2003에서 재인용). 이처럼 약한 연대를 강조하는 주장의 근거는 강한 연대의 경우 동원할 수 있는 자원이 서로 중복되어 새로운 자원을

〈표 1-3〉 사회자본의 이념형

구분		정서적 연결망		
		일반화된 호혜성/ 배경적 기대	균형 잡힌 호혜성/ 구성적 기대	부정적 호혜성/ 불신
사회적 연결망	강한 유대	① 필로스(philos) 관계	③ 계(契)	⑤ 홉스의 자연상태
	약한 유대	② 연고집단	④ 교락(橋絡) 집단8)	⑥ 죄수의 딜레마

자료: 최종렬(2004).

얻을 수 없지만, 약한 연대를 통하여 외부와 연결된 집단은 중복을 피해 새로운 자원을 얻을 수 있기 때문이다.

사회자본의 기능과 축적의 조건에 대해서는 의견의 차이가 있지만, 사회자본의 핵심적인 구성요소를 사회적 연결망, 신뢰 및 호혜성의 규범으로 상정한다는 점에서는 학자들의 의견이 대체로 일치한다(퍼트넘, 2001: 281; 최종렬, 2004). 최종렬(2004)은 이러한 구성요소들을 교차시켜 여섯 개의 사회자본 이념형을 제안했다(<표 1-3> 참조).[7] 하지만

---

[7] 최종렬(2004)은 호혜성의 규범이 없으면 신뢰도 없다는 현상학적 논의를 받아들여 신뢰와 호혜성을 통합했다. 그리고 인간존재가 인지적(cognitive)일 뿐 아니라 정서적(affective)이라는 점을 감안하여 인지적 차원의 사회적 연결망과 대비되는 정서적 차원의 정서적 연결망을 제안하고 이를 교차시켜 사회자본의 유형을 제시했다. 호혜성은 셀린스(Sahlins, 1972: 185~230; 최종렬, 2004에서 재인용)의 주장을 수용하여 일반화된 호혜성, 균형 잡힌 호혜성, 부정적인 호혜성으로 구분했으며, 신뢰는 호혜적 관계 속에서 작동하는 상호 간의 기대와 동일한 것으로 이해하는 현상학적 논의(Zucker, 1986; Schutz, 1962; 최종렬, 2004에서 재인용)를 차용하여 세 가지 유형으로 제안했다. 한 공동체 성원들이 공유하는 상징과 해석의 틀로서 배경적 기대(background expectations), 개별적

사회자본이 어떤 문제를 해결하는 사회적 자원이라는 점에서 ⑤유형과 ⑥유형은 사회자본이 부재한 경우로 보는 것이 더 적합하다. 그리고 사회자본의 존재형태를 동일한 수준이 아닌 집단, 조직, 관계의 형태로 제각기 제시하고 있어 이념형 간의 내적 일관성이 부족하다. 그럼에도 이러한 유형 구분은 사회자본의 핵심 구성요소들이 어떻게 조응하는지 명료하게 보여준다.

특히 이 책에서처럼 마을과 같은 소규모 집단을 대상으로 사회자본을 연구하는 경우에는 필로스 관계(①)의 사회자본이 의미 있는 시사점을 제공한다. 이러한 사회자본의 유형은 성원과 비성원 간의 경계가 뚜렷하며 동질성이 높고 유대가 강한 소규모 집단에서 나타난다. 일반화된 호혜성에 기초하여 상대방을 먼저 고려하기 때문에 예상되는 보상의 즉각성과 등가성이 낮음에도 지속적인 교환이 이루어진다.[9] 또한 집단성원 간에 같은 상징과 해석 틀인 배경적 기대를 공유한다.

이해(interests)나 집단적 이해(understanding)와 관계없이 특정한 상황이나 맥락에서 모든 사람이나 집단에게 동일하게 적용되는 규칙인 구성적 기대(constitutive expectations) 그리고 불신이다.
8) 교락집단이란 독자적인 집단들이 소수의 다리(橋)로 연결되어(絡) 느슨하게 연결된 집단을 지칭한다. 집단 간의 유대관계가 약하기 때문에 중개자(broker)를 통해 자원을 교환한다. 유대의 확장성이 강하기 때문에 새로운 정보와 기회를 더 많이 확보할 수 있는 장점이 있다. 그라노베터의 '약한 연대의 힘'과 기능적으로 일맥상통한다(최종렬, 2004).
9) 일반화된 호혜성의 규범에 기초한 교환은 받은 사람이 준 당사자에게 돌려주는 것이 아니라 연결망에 속한 제3자에게 돌려주는 것이다(김용학, 2004: 309). 따라서 여기서 상대방이란 구체적 개인이라기보다 공동체 전체를 의미한다고 볼 수 있다.

이는 그만큼 서로 간에 신뢰의 내면화 수준이 높고 신뢰관계가 쉽게 깨지지 않는다는 것을 의미한다. 그리고 이러한 유형의 사회자본은 강한 정서적 자원과 함께 도구적 자원을 생산하며 그 과실이 집단 외부로 퍼지지 않고 집단의 성원들에게만 돌아가는 특징을 보인다(최종렬, 2004).

② 어촌마을의 사회자본

사회자본은 사람들 사이의 관계망 안에 배태되어 있다. 따라서 개인의 사회자본 총합이 전체 사회의 사회자본이라고 할 수 없으며, 사회자본의 핵심요소인 연결망, 호혜성, 신뢰는 질적 특성을 포함하고 있어 계량화하기도 어렵다. 그러므로 어촌마을의 사회자본은 마을의 지역성 및 어촌공동체로서 마을이 갖는 경제적·사회적 특성을 반영한 질적 접근이 필요하다.

ㄱ. 지역성과 사회자본

여기서 지역성이란 오랜 기간 누적된 역사적 경험의 산물로서 전통이 지속되고 성원 간의 전인격적 관계가 자리 잡고 있는지를 뜻한다(이재열, 2006). 높은 지역성에 기반을 두는 공동체일수록 인간관계가 상호의존적이고, 공동체의 규범에서 벗어나려 하면 강제적인 동조압력을 발휘한다(이재열, 2006). 한국의 전통적인 마을공동체는 목적성은 낮지만 높은 수준의 지역성을 배태한 대표적인 지역공동체이다(<표 1-4> 참조). 따라서 마을공동체의 높은 지역성이 사회자본의 축적에 유리한 조건을 제공한다고 볼 수 있다.

〈표 1-4〉 지역성과 목적성에 따른 공동체의 분류

구분		이념―목적성	
		낮음	높음
지역성	높음	마을공동체	코뮌 야마기시 공동체 신앙촌
	낮음	협동조합 직능단체	이념적 결사체 시민단체

자료: 이재열(2006).

지역성을 사회자본의 핵심요소인 연결망, 호혜성의 규범과 신뢰의 관점에서 해석해보면 다음과 같다. 마을의 연결망은 자연발생적, 귀속적, 일상적 연결망에 해당한다. 즉, 행위자들이 특정한 목적을 위해 의도적으로 만든 연결망이 아니라 역사적 시간을 통해 자연스럽게 형성된 것이다. 또한 자신의 의지와 상관없이 마을에서 태어나는 순간 귀속되며, 마을에서 행하는 일상적인 생산활동과 생활 자체가 사실상 마을의 연결망에 참여하는 것과 별반 다르지 않다. 따라서 마을공동체는 도시공동체와 비교할 수 없을 정도로 주민 간의 상호교류가 빈번하고 정서적 몰입 수준이 높은 인격적 관계를 형성한다. 그리고 지역성이 주민 간의 지속적인 관계에 기반을 두고 있기 때문에 이해관계의 방향성이 개인의 이익에만 집중되지 않으며 자원의 교환도 등가성과 즉각성에 얽매이지 않는 경향을 보인다. 신뢰 또한 오랜 전인격적 관계에 기초하기 때문에 공동체 성원이면 누구나 당연하게 받아들이는 배경적 기대를 배태하고 있다. 배경적 기대는 내면화 정도가 높은 '상태로서의 신뢰(trust as a state)'와 유사하여 그 관계가 쉽게 깨지지 않는다(Luhmann, 1988; 김왕배·이경용 2002에서 재인용). 따라서 어촌마을의 높은 지역성은 사회자본의 축적에 유리한 조건을 제공해줄 것으로 예상된다.

ㄴ. 마을자치조직과 사회자본

전통적인 마을공동체는 높은 지역성에 기초한 대동회, 두레, 품앗이, 계, 종친회 등 다양한 상부상조 자치조직을 통해 마을을 운영해오면서 상대적으로 풍부한 사회자본을 축적해왔다. 그러나 급격한 산업화로 인한 이촌현상과 농업의 기계화 과정을 거치면서 이러한 마을조직들이 급격히 해체·쇠퇴했다.[10] 어촌마을이 촌락공동체의 한 유형이라는 측면에서 볼 때, 어촌마을에서도 사회자본의 존재형태인 마을조직이 농촌마을과 유사한 이유로 쇠퇴했으리라 예상할 수 있다.

현재 어촌마을의 마을자치조직은 마을총회, 반, 개발위원회, 청년회, 부녀회, 노인회 등이 존재한다. 마을총회는 마을주민 전체를 성원으로 하는 마을 운영의 최고 조직으로 총회의장은 마을 대표인 이장이 맡는다. 총회는 1년에 1회 내지 2회 정도 개최하기 때문에 일상적인 마을 일은 개발위원들이 의논하고 결정한다. 개발위원장은 이장이 겸직하고 각 반에서 추천한 1인이나 2인의 개발위원 그리고 반장, 새마을 지도자 등이 참여한다. 청년회와 부녀회는 크고 작은 마을 일과 봉사활동을 담당하고 노인회는 마을노인들이 모여서 시간을 보내는 친목단체이다. 이러한 마을자치조직에는 마을주민이라면 누구나 쉽게 참여할 수 있다.

마을자치조직은 개인이나 특정한 집단보다는 마을 전체의 공익을

---

10) 네 개의 농촌마을에 대한 장기조사(1986~2002)의 결과를 보면, 조사를 시작한 지 15년 만에 마을 내부의 사회조직이 46.1%나 감소했다(정기환, 2003: 60).

위해 운영되고 주민교류를 촉진한다는 점에서 사회자본의 형성에 긍정적인 영향을 미칠 수 있다. 하지만 마을자치조직의 수가 많다거나 주민들이 가입했다는 사실만으로 모든 마을자치조직이 사회자본의 형성에 실질적인 영향을 미치는 것은 아니다. 이들 중에는 실제로 활동하지 않는 조직도 있으며, 사회자본을 축적할 만한 구체적인 협력활동이 미비한 경우도 있기 때문이다. 농촌마을의 사회자본에 관한 연구를 보면 사회자본은 성원 간의 협력, 교환과 보상의 정도가 높은 조직에서 높게 나타난다(정기환, 2003: 124; 김기홍, 2006: 161; 정병은·장미혜, 2008). 높은 사회자본을 축적하고 있을 것으로 판단되는 전통조직인 향도, 두레, 계 등도 공동체 지향적인 성격과 함께 필요한 자원에 접근하려는 도구적 성향을 함께 갖고 있었다(최우영, 2008).

ㄷ. 어촌계와 사회자본

앞의 논의를 고려해본다면, 어촌마을의 자치조직 중에서 사회자본을 축적하는 데 구체적인 협력행위를 하고 경제적인 보상 수준이 높은 어촌계를 중요한 변수로 상정해볼 수 있다. 어촌계는 마을어장을 생산기반으로 하여 공동의 경제적 이익을 추구한다는 점에서 다른 마을자치조직들과 뚜렷하게 구별된다. 어촌계의 구성원들은 마을어장을 생산요소로 이용하기 때문에 어장소유와 관리에 들어가는 비용을 절약하여 자신들의 이익을 증대시킬 뿐 아니라 어촌계의 수익을 배당금으로 지급받는다. 즉, 다른 마을자치조직과 다르게 구성원들에게 실질적인 경제적 혜택을 제공한다. 이러한 측면에서 보면 부르디외의 주장처럼 사회자본은 최종 분석에서 경제자본으로 환원될 수 있다. 하지만 어촌계의 경제자본은 불평등한 분배체계를 따르지 않는다는 점에서 계급불평등의 재생산과 뚜렷하게 구분된다.

일반적으로 어촌계에 가입하기 위해서는 독립된 호(戶)를 구성해야 하며 외지인인 경우 마을에 일정 기간 거주해야만 가입 자격이 주어진다. 그리고 마을어장의 경제적 가치에 따라 상당한 수준의 입호금을 요구하는 경우도 있다. 하지만 위의 조건을 충족한다 하더라도 정원을 고정시켜두고 결원이 발생한 경우에만 신입 계원을 받거나 외지인에게 원천적으로 가입 자격을 주지 않는 경우도 있다. 이처럼 어촌계는 외부 집단과 경계가 명확한 폐쇄형 연결망을 형성하고 있으며, 어촌계에서 발생한 이익도 철저하게 어촌계 성원들끼리만 공유한다. 폐쇄형 연결망이 사회자본 축적에 유리한 조건을 제공한다는 콜먼의 주장을 받아들인다면, 어촌계의 높은 폐쇄성이 어촌마을의 사회자본을 형성하는 데 유리한 조건을 제공한다고 볼 수 있다. 폐쇄성이 높다는 것은 외부자의 시선에서 보면 그만큼 배타성이 높다는 것을 의미하지만, 내부자의 시선에서 보면 그만큼 성원 간의 신뢰 및 응집력이 강하다는 것을 의미한다. 하지만 어촌계가 단순하게 폐쇄성만 높은 조직은 아니다. 어촌계는 공동의 규제 장치를 통하여 공유자산인 마을어장에 대한 접근과 분배에서 평등성과 호혜성을 강조한다(박정석, 2001). 그뿐만 아니라 의무이행과 계원 간의 상호감시를 통해 어촌계의 규약 또는 규제를 위반한 경우 일정한 제재를 가하며 심한 경우 강제로 탈퇴시킬 수도 있다.

어촌계는 구성원 모두가 마을어장을 평등하게 이용하는 동시에 생산력을 보전하고 공동의 이익을 최대화하려는 협력적 방식으로 운영된다. 하지만 그 협력적 방식이 등가성에만 기초하지는 않는다. 오히려 어촌계원들에게 분배되는 경제적 보상인 배당금은 등가성 원리가 배제된다. 즉, 공동이익을 올리는 데 직접 기여하지 않았다 하더라도 배당금은 계원 모두에게 공평하게 분배한다. 개인이 수익창출에 기여한 몫에 관계없이 똑같은 몫을 분배하는 평등규범(norm of equality) 원리에 따르는 것이다. 등가성을 배제한 평등규범에 따른 분배방식은 어촌계 내부에 일반화된 호혜성의 규범이 작동하고 있다는 증거이다. 일반화된 호혜성의 규범에 기초한 교환은 받은 사람이 준 당사자에게 돌려주는 것이 아니라 연결망에 속한 제3자에게 돌려주는 것이라는 의미에서(김용학, 2004: 309) 집단의 과실이 특별한 조건 없이 성원 모두에게 평등하게 분배된다는 것과 일맥상통한다고 볼 수 있다. 폴라니(Polanyi, 1983) 식으로 표현하자면, 어촌계의 경제적 행위가 비경제적 목표를 포함한 좀 더 넓은 범위의 사회관계 안에서 이루어지고 있다는 것이다. 어촌계는 경제적 자원을 호혜적 분배와 재분배를 통해 나눔으로써 외부의 시장경제체제로부터 취약한 주민 혹은 계원들을 보호한다. 이러한 어촌계의 운영방식은 집단에 대한 자긍심, 소속감, 일체감 등을 강화시켜 집합행동의 딜레마를 극복할 수 있는 사회적 자원을 만들어낸다.

하딘(Hardin)의 주장처럼 공유자원이 공유지의 비극만을 낳는 것은 아니다. 오히려 공동의 목표를 위해 협력적인 방식으로 이용될 때 공유자원은 공동체 성원들에게 경제적 기회를 제공할 뿐 아니라 집단의 신뢰 및 결속력을 강화시켜 사회자본을 형성하는 데 결정적인 역할을 할 수 있다(최종렬·황보명화·정병은, 2006; 서정호, 2002; 박정석, 2001). 따라서 참여에 대한 경제적 보상 수준이 높고 외부 집단과의 경계가

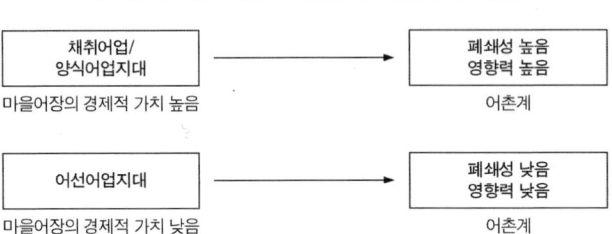

〈그림 1-4〉 어업의 유형과 어촌계의 활성화

명확한 폐쇄형 연결망을 갖는 어촌계원과 마을주민 사이의 인적·경제적 통합 수준이 높을수록 그 어촌마을의 사회자본 축적 수준이 높다고 할 수 있다. 따라서 어업공동체의 분해형태보다는 존립형태와 변질형태가 나타나는 어촌마을이, 그리고 농업중심형과 혼합형 어촌마을보다는 어업중심형 어촌마을이 사회자본의 축적에 더 유리하다고 볼 수 있다.

어촌계의 폐쇄성과 경제적 영향력은 어업의 유형이나 마을어장의 경제적 가치와 밀접하게 관련되어 있다(<그림 1-4> 참조). 어업의 유형은 어장이 처한 환경적 조건에 의해 결정되는데, 자연적으로 생육하고 번식하는 해조류와 조개류를 채취하는 채취(맨손)어업, 경작적 성격이 강한 해조류와 조개류 양식어업은 수심이 얕고 갯벌이 발달한 지역에서 우세하다. 하지만 이러한 환경적 조건을 갖추지 못한 지역에서는 상대적으로 환경적 제약에서 자유로운 어선어업이 발달하는 편이다(국립민속박물관, 1996: 200). 그리고 채취어업, 해조류와 조개류 양식어업은 주로 마을에서 가까운 마을(공동)어장을 생산의 터전으로 하기 때문에 이러한 유형의 어업이 발달한 지역은 마을어장의 경제적 가치가 높다. 그에 따라 마을어장 면허권의 법적 주체인 어촌계의 운영방식이

〈그림 1-5〉 사회경제적 영향의 분석 틀

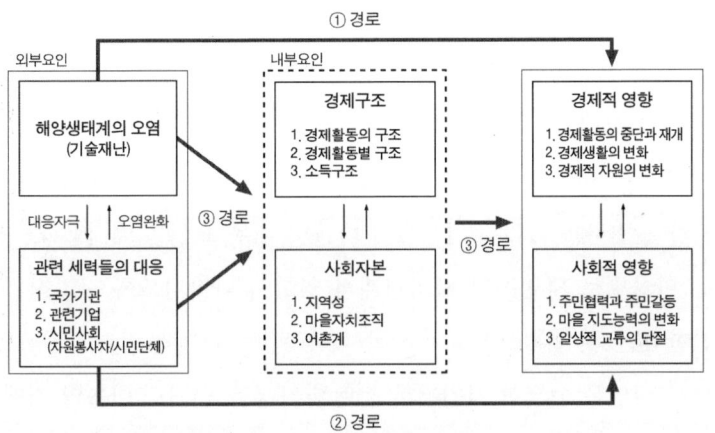

폐쇄적이며 계원 또는 마을주민에게 미치는 경제적·사회적 영향력 또한 높다(박광순, 1998; 김준, 2004). 반면에 어선어업이 발달한 지역에서는 마을어장의 경제적 가치가 떨어지고 어촌계의 운영방식이 더 개방적이며 계원 또는 마을주민에게 미치는 영향력도 약한 편이다.

2. 분석 틀

 선행연구에서 확인했듯이 이번 사고와 관련된 사회과학연구들은 마을별로 서로 다르게 나타나는 재난영향과 그 원인을 설명하지 못하고 있다. 자연자원의존 공동체인 어촌마을의 사회경제적 영향은 해양생태계의 오염에서 출발하여(① 경로), 재난관리의 책임자인 국가기관,

재난발생의 책임자인 기업, 시민사회 영역인 시민단체와 자원봉사자들의 활동 등에 의해 영향을 받는다(② 경로)(<그림 1-5> 참조). 하지만 이런 외부 요인만을 고려한다면 현실세계에서 서로 다르게 나타나고 있는 사회경제적 영향의 양상과 그 요인을 밝혀낼 수 없다. 따라서 재난에 처한 마을의 내부 요인을 고려할 필요가 있다. 즉, 해양생태계 오염과 관련 세력들의 재난대응이 마을의 내부 요인을 매개로 하여(③ 경로) 마을별로 차별적인 사회경제적 영향이 나타나도록 구조적으로 유인한다는 것이다.

내부 요인은 이론적 차원에서 검토한 내용을 근거로 마을의 경제구조와 사회자본으로 구성했다. 어촌마을은 자연의 생물학적 순환 과정에 따라 경제활동이 이루어지고 그에 기초한 사회관계가 형성된다는 측면에서 경제구조와 사회자본을 사회경제적 영향의 매개변수로 상정할 수 있을 것이다. 마을별로 서로 다른 경제구조와 사회자본이 어떻게 사회경제적 영향에 반영되었는지를 살펴보는 연구작업은 사회경제적 영향의 차별성과 그 요인을 밝히는 동시에 재난영향에 대한 취약성 또는 방어력 변수를 밝히는 일이 된다.

사회경제적 영향은 경제적 영향과 사회적 영향으로 구분했다. 구체적인 항목은 선행연구와 현지 조사 과정에서 필자가 관찰한 결과를 토대로 구성했다. 경제적 영향은 경제활동의 중단과 재개 정도, 소득, 지출, 부채 등 경제생활상의 변화, 사고 이후 경제적 자원의 변화를 통해 살펴보았다. 해양오염은 어촌마을의 경제활동과 경제생활에 직접적인 영향을 미칠 뿐 아니라 사고 이전과는 다른 방식의 경제적 자원에 의존하여 생계를 유지하게 한다. 사회적 영향은 마을주민 간의 협력과 갈등, 마을지도능력의 변화, 일상적인 주민교류의 변화 등을 통하여 접근했다. 사고 이후 가장 뚜렷한 사회적 변화는 공동체 내부에 갈등이 크게 증가했다는 사실이다. 그러나 다른 한편에서는 위기를 극복하기 위한 협력도 나타났다. 사고 이후 태안 주민들을 대상으로 하여 9개 집단의 신뢰도를 측정하는 질문에서도 이웃 주민(70.3%)에 대한 신뢰수준이 자원봉사자(87.9%) 다음으로 높게 나타났다(이시재, 2008). 이는 이웃 주민이 갈등의 대상만이 아닌 협력의 대상임을 보여준다. 그리고 마을지도능력의 변화를 살펴보는 이유는 재난 이후 지도력의 변화가 마을권력관계의 변화뿐 아니라 효과적인 재난대응과도 관련되기 때문이다. 끝으로 주민 간 일상적인 교류의 변화를 살펴본다. 한국의 마을공동체는 서로 대화하는 사람들이 모임이라고 부를 수 있을 정도로 주민 간의 일상적인 교류가 활발하다. 따라서 일상적인 교류의 감소는 일상적인 교류가 만들어내는 사회적 기능의 상실을 의미한다.

3. 연구방법과 자료

1) 연구방법

여기에서는 기름유출사고가 미친 사회경제적 영향의 차별성과 그 요인을 밝혀보기 위한 목적에서 비교연구방법을 사용했다. 비교연구는 개별 사례가 놓인 상황 요인들을 식별해줌으로써 사례들을 관통하는 인과관계의 유형을 만들어낼 수 있다. 따라서 비교연구방법은 상대적

〈그림 1-6〉 일치법과 차이법

사례1	X(a, b, c, d) → Z	X(a, b, c, d) → Z
사례2	Y(d, e, f, g) → Z	X(a, b, c, d') → Z'
	d → Z	d → Z
	(a) 일치법	(b) 차이법

으로 적은 마을의 사례를 통하여 이 마을들을 관통하는 요인을 밝혀내고자 하는 본 연구에 유용한 지침을 제공한다.

비교연구에서 고전적인 방법인 동시에 가장 널리 사용되는 방법은 밀(Mill)의 일치법과 차이법이다(<그림 1-6> 참조). 일치법이 서로 다른 구조를 갖지만 유사한 인과구조와 결과가 나타나는 사례들을 비교하는 방법이라면, 차이법은 서로 유사한 구조를 갖지만 서로 다른 인과구조와 결과가 나타나는 사례들을 비교하는 방법이다. 일치법에서는 사례1과 사례2가 d를 제외하면 서로 다른 구조를 갖지만 동일한 사회현상 Z를 발생시킬 경우 인과구조상 d가 사회현상 Z의 원인이 된다고 추론한다. 반면에 차이법은 사례1과 사례2에서 a, b, c라는 유사한 구조가 나타나지만 Z와 Z'라는 다른 사회현상이 나타난다면 d가 인과구조상 사회현상 Z의 원인이라고 추론한다. 연구의 특성에 따라 일치법과 차이법을 따로 또는 함께 사용할 수도 있다(김용학·임현진, 2000: 183~186). 여기에서는 사회경제적 영향의 차별성을 가져온 요인을 밝혀본다는 차원에서 차이법을 적용했다.

연구를 위해 태안군 관내의 도산도리, 하전2리, 월산1리의 세 개 어촌마을(행징리)을 선정했다.[11] 세 마을을 선정한 이유는 태안군의 모든 연안마을을 조사할 수 없다는 현실적 한계도 있지만, 연구의 목적을 고려한 전략적 선택이다. 우선 세 마을 모두 해안선 깊숙한 곳까지 기름띠가 강하게 부착되는 심각한 수준의 오염피해를 입었다. 물론 지형적 차이로 인해 정확하게 동일한 수준의 오염피해를 입었다고 할 수는 없다. 하전2리 해안의 경우 기름 제거가 상대적으로 까다로운 갯벌이 넓게 분포한 반면, 도산도와 월산1리 해안은 갯벌이 없고 갯바위로 이루어져 있어 방제작업이 더 수월했다. 하지만 이러한 차이점이 있음에도 동일한 오염피해를 입은 것으로 간주했다. 사고지점에서 가까운 곳에 위치한 하전2리와 월산1리는 태안군의 여느 다른 연안마을보다 마을의 해안선과 선착장 깊숙한 곳까지 기름띠가 부착되었기 때문이다. 도산도 또한 기름이 남하하는 곳에 있었을 뿐 아니라 섬이라는 지형적 특징으로 인해 해안선 깊숙한 곳까지 기름이 밀려들어왔다. 따라서 지형적으로 차이가 있음에도 일정 부분 환경오염이라는 변수를 통제할 수 있는 비슷한 수준의 오염피해를 받았다고 볼 수 있다.

 그러나 이 세 마을을 선택한 결정적인 이유는 이 마을들이 바다를 생산 기반으로 하면서도 서로 다른 사회경제구조를 갖고 있기 때문이

---

11) 조사마을은 자연마을이 아닌 행정리를 기준으로 하여 선정했다. 농촌사회의 분석단위로 자연마을이 적합하다는 주장도 있지만(최재석, 2008), 산업화와 도시화로 인해 농촌인구가 급감하면서 농촌의 많은 자연마을이 해체되었다. 따라서 예외적인 사례를 제외하면 사실상 자연마을이 연구단위로 부적절한 경우가 많다. 이러한 현실을 반영하여 다수의 마을 연구에서도 행정리를 분석단위로 한다. 행정리는 마을회관과 노인정 등의 사회적 공간, 마을의 공식조직과 이장제를 축으로 구성된 국가 통제의 최소 단위(김기흥, 2006)로 하나의 공동체를 이루고 있기 때문에 독립된 분석단위로 적합하다. 그리고 이 책의 연구대상이 된 마을의 이름은 실제 이름과 다른 가명을 사용했다.

다. 이 부분에 관한 자세한 논의는 3장에서 다루겠지만, 간단히 언급하면 다음과 같다. 도산도와 하전2리가 어업중심형 어촌마을이라면 월산1리는 어업과 농업이 결합된 혼합형 어촌마을이다. 하지만 어업을 기준으로 보면 도산도는 채취어업지대, 하전2리는 양식어업지대, 월산1리는 어선어업지대로 서로 확연하게 구별된다. 여기에 어촌마을의 주민관계 혹은 사회관계에 큰 영향을 미치는 어촌계가 마을 내부에서 차지하는 경제적·사회적 위상도 뚜렷하게 구별된다. 도산도와 하전2리는 어촌계 계원과 마을주민 간의 인적 통합 수준이 높을 뿐 아니라 어촌계가 계원들에게 실질적인 경제적 혜택을 제공한다. 반면에 월산1리 어촌계는 마을주민과의 인적 통합 수준이 낮고 실질적인 경제적 혜택도 제공하지 못한다. 이 글이 사회경제적 영향의 차별성과 그 요인을 밝히는 것을 연구목적으로 한다는 점에서 서로 다른 사회경제구조를 가진 위 세 마을이 비교연구의 대상으로 적합하다고 판단된다.

2) 자료

연구에 필요한 자료는 문헌조사, 설문조사, 심층면접, 참여관찰을 통하여 수집했다. 기본 문헌으로는 『통계연보』, 『군지』, 『면지』, 『어촌민속지』, 각종 『백서』, 관련 공문과 언론 보도자료 등을 검토했다. 설문조사는 하전2리 2009년 2월 19일~24일, 월산1리 2월 25일~27일, 도산도 3월 20일~21일에 실시했다. 철저한 가구별 방문조사를 통해 이웃 주민의 묵시적 압력이나 눈치 때문에 발생할 수 있는 왜곡된 응답의 가능성을 최대한 차단하려고 노력했다. 그럼에도 민감한 질문에는 응답을 회피하거나 설문조사 자체를 거부한 주민들이 적지 않았다.12) 설문조사는 세대주를 대상으로 하는 것을 기본 원칙으로 했다. 하지만 세대주를 만나지 못하면 배우자, 배우자를 만나지 못하면 20세 이상의 자녀로부터 응답을 받았다. 자녀를 조사한 경우는 단 두 사례에 불과하며 이들 또한 가족과 마을의 사정을 잘 알고 있는 마을청년들이었다. 도산도리는 모집단 140세대 중 62가구, 하전2리는 147세대 중 62가구, 월산1리는 281세대 중 90가구가 설문에 응답했다.13) 이 중

---

12) 일부 주민들은 설문조사 자체에 대해 강한 거부감을 드러냈다. 그 이유는 사고 이후 정부기관과 연구소, 개인 연구자들이 주민을 상대로 수차례 설문조사를 한 데서 오는 성가심과 피로감이 반영된 것으로 보인다. 그리고 조사결과도 자신들에게는 알려지지 않을 뿐 아니라 자신들의 현재 삶을 개선시켜주지 못할 것이라는 불신에서도 비롯되었다. 조사에 대한 거부감은 기술재난 피해자들에게서 나타나는 특징이기도 하다(Picou and Marshall, 2007).
13) 모집단과 실제 설문에 응답한 세대 수의 차이는 다음과 같은 이유 때문이다. 첫째, 주민등록상 거주세대와 실제 거주하는 세대의 차이 때문이다. 각 마을의 이장을 통해 확인해본 결과 실제로는 하전2리 120여 세대, 월산1리 260여 세대, 도산도 35세대가 거주하고 있었다. 그리고 월산1리 1반은 행정구역상 월산1리에 속하지만 1리와 거리가 멀어 관행적으로 월산3리 공동체에 속한다. 1반 주민은 방제작업과 공공근로에 대한 참여도 월산3리 주민과 함께했다. 따라서 이 지역은 조사대상에서 제외했다. 둘째, 두 세대라 하더라도 한 집에 살고 있으면 한 세대로 간주하여 조사했기 때문이다. 셋째, 응답을 거부하거나 고령, 건강상의 이유로 응답할 수 없는 세대는 제외되었다. 하전2리에서는 노인성질환과 중병이 있던 5세대, 조사를 직접 거부한 11세대를 설문조사에서 제외했다. 월산1리는 노인성질환과 장애로 조사할 수 없는 5세대, 거부 20세대, 도산도는 고령 2세대, 병원 입원과 장기 출타 8세대, 거부 1세대를 제외하고 조사했다. 도산도는 섬인 관계로 몸이 아프거나 육지에 있는 자녀의 집을 방문할 때 장기간 출타하는 경우가 많다.

응답이 부실한 2부를 제외한 총 165부를 분석에 사용했다.

설문조사는 응답을 표준화하여 분석과 비교를 쉽게 할 수 있는 장점이 있지만, 학력 수준이 낮거나 문자문화보다 구술문화에 익숙한 사람들은 정형화된 설문지보다 구술을 통해서 자신들의 생각과 감정을 더 풍부하게 드러낸다. 따라서 심층면접은 필수이다. 그리고 심층면접에서는 개인에 대한 정보를 넘어 마을, 이웃, 조직, 가족 등의 집합체에 관한 정보를 많이 얻을 수 있기 때문에 집단의 속성을 파악하는 데 유용하다(이시재, 2009). 필자는 심층면접에 많은 시간과 노력을 투자하여 A4용지로 200쪽 분량의 녹음자료를 확보했다. 때로는 면접 자체를 거부당하기도 했지만 면접을 허락한 경우에는 녹음에 대한 거부감을 크게 드러내지 않았다.

심층면접 대상자로는 이장, 새마을지도자, 어촌계장 등과 같은 마을의 핵심 지도층은 물론 일반 주민들도 광범위하게 접촉했다. 본격적인 심층면접은 2008년 4월부터 시작하여 수차례 마을을 방문하며 면접했다. 길게는 일주일, 짧게는 이틀 정도 마을에 머무르면서 면접을 시행했다. 주민들이 심각한 육체적·정신적 고통을 겪고 있었기 때문에 접근하는 데에 어려운 점이 많았다. 하지만 방제작업이 어느 정도 마무리되고 농한기로 접어들면서 면접을 수월하게 진행할 수 있었다. 주민들 사이에 진술 내용이 서로 엇갈리는 부분도 있었지만, 오히려 이러한 차이가 정보의 부정확성을 완화해주고 사건을 둘러싼 이해관계를 파악하는 데 도움을 주었다.

제2장

기름유출사고의 전개와 관련 세력들의 대응

1. 기름유출사고의 현황

1) 세계적 현황

국제유조선선주오염조사기구(The International Tanker Owners Pollution Federation: ITOPF)의 통계자료를 보면 1970~2007년 사이에 총 9,351 건의 기름유출사고가 발생하여 564만 8,000톤의 기름이 바다로 유출되었다. 1970년대에 가장 높은 발생건수와 유출량을 보이다가 1980년대로 들어서면서 지속적으로 감소하는 추세이다(<그림 2-1>, <그림 2-2> 참조).

기름유출의 원인을 보면 일상적인 작업 과정에서 유출된 경우가 4,995건(53.4%)으로, 사고로 인한 유출 건수 3,260건(46.6%)보다 많다

56 환경재난과 지역사회의 변화

〈그림 2-1〉 연도별 해양기름유출 건수(1970~2007)

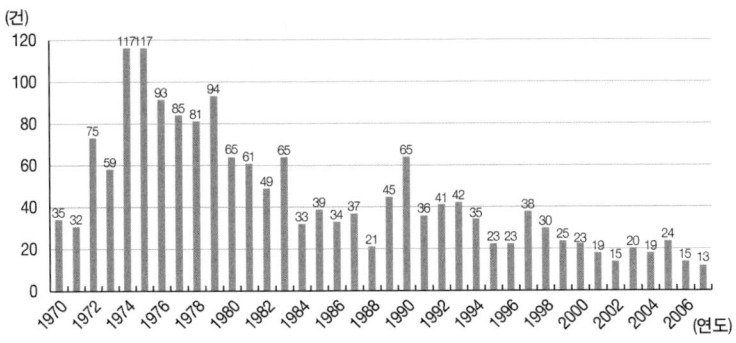

자료: ITOPF(2007).

〈그림 2-2〉 연도별 해양기름유출량(1970~2007)

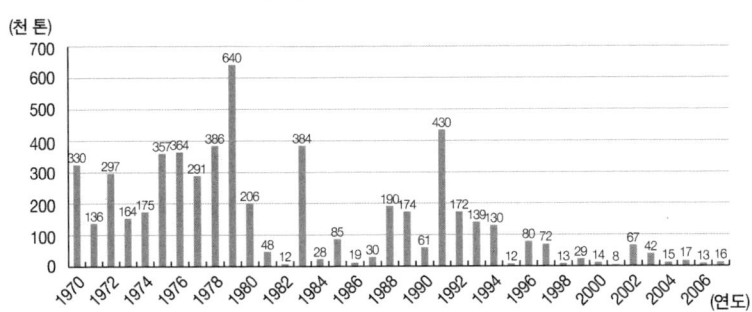

자료: ITOPF(2007).

(<표 2-1> 참조). 하지만 유출량이 늘어날수록 사고로 인한 비중이 크게 증가하고 있어 일상적 작업에 의한 유출 건수가 많다고 하더라도 대형 기름유출은 사고에서 기인한다고 볼 수 있다.

〈표 2-1〉 1974~2007년의 원인별 기름유출 빈도(단위: 건, %)

구분	7톤 미만	7~700톤 미만	700톤 이상	합계
일상적인 작업	4,549(58.3)	415(34.7)	31(9.0)	4,995(53.4)
선적/이적	2,823(36.2)	333(27.8)	30(8.7)	3,186(34.1)
연료보급	548(7.0)	26(2.2)	0(0.0)	574(6.1)
기타	1,178(15.1)	56(4.7)	1(0.3)	1,235(13.2)
사고	3,260(41.7)	781(65.3)	315(91.0)	4,356(46.6)
충돌	175(2.2)	300(25.1)	98(28.3)	573(6.1)
좌초	235(3.0)	226(18.9)	119(34.4)	580(6.2)
선체결함	576(7.4)	90(7.5)	43(12.4)	709(7.6)
화재/폭발	88(1.2)	15(1.3)	30(8.7)	133(1.4)
기타	2,186(27.9)	150(12.5)	25(7.2)	2,361(25.3)
합계	7,809 (100.0%)	1,196 (100.0%)	346 (100.0%)	9,351 (100.0%)

자료: ITOPF(2007)에서 재구성.

2) 국내 현황

　급속한 산업화에 따른 원유 수입, 선박 운항 증가, 어선의 현대화로 인해 해양오염사고는 매년 큰 폭으로 증가해왔다. 2000년 483건으로 정점에 이른 후 감소하는 추세를 보이고 있지만(<표 2-2> 참조) 발생건수가 가장 많았던 2000년보다 오히려 발생건수가 적은 1993년, 1995년, 2007년의 유출량이 월등하게 높아 발생건수와 유출량 사이에는 특별한 관련성이 없음을 알 수 있다. 이러한 이유는 국내 해양오염사고가 유조선 사고보다는 주로 중소형어선과 1㎘ 미만의 소량유출사고 비중이 높기 때문이다.

〈표 2-2〉 1979~2007년의 연도별 해양오염사고 현황(단위: 건, ㎘)

구분	계	1979	1980	1981	1982	1983
건수	8,430	128	140	185	221	248
유출량	73,589	486.4	396	983	143	361.6
구분	1984	1985	1986	1987	1988	1989
건수	226	166	158	152	158	200
유출량	201	2,204	2,617.6	482.4	1,058.2	368
구분	1990	1991	1992	1993	1994	1995
건수	248	240	328	371	365	299
유출량	2,420.6	1,257	2.942.5	15,460.3	456.1	15,775.9
구분	1996	1997	1998	1999	2000	2001
건수	337	379	470	463	483	455
유출량	1,720.1	3,441	1.050.2	386.9	583	668.1
구분	2002	2003	2004	2005	2006	2007
건수	385	297	343	355	285	345
유출량	409.9	1.457.7	1461.7	410	365	14,021.8

자료: 『해양경찰백서』 각 연도와 『해양경찰 50년사』.

해양오염은 유출량과 밀접하게 관련되어 있기 때문에 유조선 사고의 발생 비율이 낮다 하더라도 유출량이 많으면 더 치명적인 환경오염을 유발한다. 특히 사고에 취약한 단일선체 유조선의 운송률이 높은 우리나라는 유조선에 의한 대형 해양오염사고의 발생 가능성이 크다. 실제로 지난 23년간 300㎘ 이상의 대형 기름유출사고 16건 중에서 유조선 사고가 13건으로 전체의 81%를 차지했다.

그리고 확인 가능한 최근 6년간의 통계자료를 바탕으로 해양기름유출의 원인별 유출건수와 유출량을 살펴보면 발생건수의 경우 부주의가 해난사고보다 높게 나왔지만, 유출량에서는 해난사고가 월등하게 높았

<표 2-3> 300㎘ 이상의 해양오염사고(1985~2008)

번호	일시	장소	선박명	유출량(k㎘)	원인
1	1985.1.2	부산항	진용호 (유조선, 1,429.21톤)	벙커C 1,220	해난
2	1988.2.24	경북 영일군 동해면	경신호 (유조선, 995톤)	벙커C 2,560	침몰
3	1990.7.15	인천 호남정유 저유소 앞	코리아호프호 (유조선, 1만 2,644톤)	벙커C 1,500	충돌
4	1993.6.16	인천 옹진군 백암등대	코리아비너스 (유조선, 2만 5,368톤)	경유 2,000 항공유 2,288	좌초
5	1993.9.27	여수 광양만	제5금동호 (유조부선, 532톤)	벙커C 1,228	충돌
6	1993.1.10	서산시 대산읍 독곶리 해상	프론티어 익스프레스호 (유조선, 4만 721톤)	나프타 9,821	좌초
7	1995.7.23	여천군 소리도	씨프린스포 (유조선, 14만 4,567톤)	원유 및 원료유 5,035	좌초
8	1995.9.21	부산 남형제도	제1유일호 (유조선, 1,591톤)	벙커C 2,392	침몰
9	1995.11.17	여수 호유부두	호남사파이어 (유조선, 14만 2,448톤)	원유 1,402	충돌
10	1997.1.1	부산태종대 생도 해안	쥬타제시카호 (화물선, 6,678톤)	벙커C 440	좌초
11	1997.4.3	통영 등가도	제3오성호 (유조선, 786톤)	벙커C 1,699	침몰
12	1997.11.25	포항 구룡포항 북방파제	제3동진호 (유조선, 237톤)	경유400 등유320	침몰
13	1998.1.15	울산 울주군 서면 진하리	뉴바론호 (화물선, 4,400톤)	벙커C 301	좌초
14	1998.5.19	여수 상백도 남동 8마일	하카다호 (유조선, 7,586톤)	벙커C 435	침몰
15	2004.5.26	경남 대도 남방 1마일	모닝익스프레스 (유조선 5만 6,285톤)	나프타 1,200	충돌
16	2007.12.7	태안군 소원면 만리포 앞	허베이스피리트호 (유조선, 14만 6,848톤)	원유 12,457	충돌

자료: 이봉길(2004), 강성길·강창구(2003), 이재은(2002), 『해양경찰백서』 각 연도에서 재구성.

다(<표 2-4> 참조). 이러한 이유는 유출량이 많은 유조선 사고가 주로

〈표 2-4〉 2002~2007년 해양오염의 원인별 유출량 현황(단위: 건, ㎘)

구분	합계	해난사고	부주의	고의	파손	기타
건수	2,010 (100.0%)	687 (34.1)	880 (43.8)	139 (6.9)	251 (12.5)	53 (2.7)
유출량	18,126.4 (100.0%)	17,567.8 (97.0)	143.3 (0.8)	43.5 (0.2)	366.2 (2.0)	5.6 (0.0)

자료:『해양경찰백서』 각 연도에서 재구성.

해난사고에서 기인했기 때문이다. 유출량과 해양오염이 밀접한 관계가 있다는 점을 고려한다면 우리나라 해양유류오염의 주원인은 해난사고에 의한 유조선 기름유출에 있다고 할 수 있다.

2. 사고의 발생과 전개

1) 사고의 발생 경위

2007년 12월 7일 07시 06분 태안군 원북면 신도 남서쪽 6마일 해상에 정박해 있던 홍콩 선적 유조선 허베이스피리트호와 삼성중공업 소속 3,000톤급 해상크레인을 적재한 부선 삼성1호가 충돌하면서 기름유출사고가 발생했다(북위 36도 52분 22초, 동경 126도 03분 17초). 해상크레인 예인선단(예인선 삼성T-1호 292톤, 삼호T-3호 213톤, 투묘선 삼성A-1호 89톤, 삼성1호)은 삼성물산 소속으로, 인천대교 건설현장에서 작업을 마치고 거제시 고현항으로 회항하던 중이었다. 반면에 유조선은 대산항에 소재한 현대오일뱅크로 원유 이적 작업을 하기 위해 사고 발생

하루 전에 이미 사고 장소에 정박한 상태였다(12월 6일 17시 18분).

예인선단의 선단장은 출항하기 전에 기상악화(6일 오후 최대 풍속 13m/s, 파고 1~2m, 7일 오전 최대 풍속 13m/s, 파도 1.5~2.5m)를 알리는 문자메시지를 받고도 별다른 논의 없이 출항했다. 출항 당시 기상청은 이미 서해 먼 바다에 풍랑주의보 예비특보를 발효한 상태였으며, 이후 풍랑주의보를 발효했다(12월 7일 03시). 예인선단은 풍랑주의보가 내려지기 이전인 0시 10분경부터 예정 항로를 이탈하여 서해 연안 방향으로 밀리기 시작했으며, 04시경 태안 앞바다를 지나고 있었다. 이때 이미 예인선단은 3마일 전방에 유조선이 있다는 사실을 확인했다.

기상 악화로 정상적인 항해가 불가능하다고 판단한 예인선단은 04시 45분경 서수로 방면으로 회항을 시도했지만 실패했다. 이후 예인력을 상실한 채 유조선 방향으로 강하게 밀리기 시작했다. 05시 23분경, 이를 감지한 대산 지방해양수산청 해상교통관제센터(이하 해상교통관제센터)가 유조선과의 충돌 위험을 경고하기 위하여 예인선단에 2회에 걸쳐 무선 호출을 시도했지만 응답이 없었다. 06시경 예인선단과 유조선의 거리는 1마일에 근접했다. 유조선 또한 레이더 경보를 통해 예인선단의 접근을 확인하고, 항로 예상프로그램(CPA)을 통하여 0.3미터 차이로 근접하여 충돌 위험을 예측했다. 따라서 06시 09분경, 유조선에서 해양교통관제센터에 예인선단의 운항 경로를 문의했다. 이후 06시 17분경, 해양교통관제센터는 예인선장(삼성T-5)의 휴대전화로 전방에 대형 유조선이 정박하고 있다는 사실을 통보했지만 예인선단은 충돌을 피하기 위한 특별한 조치를 하지 않았다. 이에 06시 30분경, 해양교통관제센터에서 유조선 측에 이동을 요청했지만 유조선은 닻줄을 더

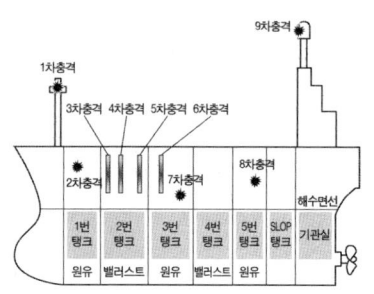

〈그림 2-3〉 선박 충돌 지점   〈그림 2-4〉 선체 충돌 및 파공 부위

자료: 『해양경찰청 백서』(2008: 13).

내려 70~100미터 이동한 것이 전부였다.

　예인선단이 강한 풍랑으로 인해 유조선 전방까지 밀리자 06시 40분경 해상크레인 부선을 서쪽으로 끌려고 시도했으나, 06시 52분경 예인강선이 끊어지면서 표류하기 시작했다. 같은 시간 해양교통관제센터에서 유조선을 재차 호출하여 안전한 장소로 이동하라고 요구했으나 유조선 측은 예인선단이 통과한 후에나 이동할 수 있다는 회신을 했다. 예인선단은 재차 해상관제센터에 유조선을 이동시켜줄 것을 요청했고 해양교통관제센터 또한 다시 유조선의 이동을 요구했으나 유조선은 사정상 곤란하다는 통보만 해왔다. 결국 07시 06분에서 07시 15분 사이, 크레인 부선의 선수좌현 모서리와 크레인 위쪽 부위가 유조선의 선수 1개소와 선체 좌현측면 7개소, 조타실 1개소와 충돌했다. 이 충돌로 인하여 저장탱크 1번(30cm×30cm), 3번(160cm×10cm), 5번(160cm×200cm)이 파공되면서 약 4시간 30분 동안 1만 2,547㎘의 기름이 바다로 흘러들어갔다.

2) 유류오염의 확산

당시 해양수산부는 사고지점이 해안에서 멀리 떨어져 있었기 때문에 12월 8일 오전 7시경이나 기름이 해안에 접근할 것으로 예상했다. 하지만 유출된 기름은 강한 북서풍을 타고 빠르게 해안 쪽으로 밀려들어와 사고 당일 구름포(21시 10분, 소원면 의항리)와 만리포(22시 10분, 소원면 모항리) 해안까지 흘러들었다. 그리고 다음날 12월 8일에는 소원면 모항리에서 원북면 방갈리에 이르는 17km 구간, 사고 발생 3일 후인 12월 9일에는 소원면 파도리에서 원북면 방갈리에 이르는 40km 구간, 12월 10일에는 서산 가로림만에서 태안 남면 거아도에 이르는 해안선 167km 구간이 오염되었다. 특히 학암포에서 파도리에 이르는 35km 구간에서는 두꺼운 기름 층이 해안선까지 강하게 부착되는 최악의 환경오염이 발생했다. 이후 태안군 남면 몽산포, 청포대, 마검포, 안면읍 꽃지, 장삼 해안과 보령시 무창초, 독산, 용두포 해안까지 기름 덩어리가 유입되었다.

해안으로 유입되지 않은 기름은 안면도 부근에서 타르볼[1] 형태로 변환되어(12월 14일) 서천(12월 15일)과 전라북도 군산의 고군산도 일대를 지나(12월 16일~17일) 전라남도 영광군 안만도와 전남 도서 지역에

---

[1] 타르 덩어리는 원유의 가벼운 휘발성분이 날아간 뒤 남은 무겁고 끈적끈적한 아스팔트 성분이 모래, 개흙, 먼지와 엉겨 붙어 둥글게 뭉쳐진 것이다. 원유유출사고 이후 어느 정도 시간이 지나면 흔히 발견된다. 크기는 2~10cm정도로 다양하며 여름에는 부드럽고 끈적거리며 겨울에는 딱딱한 고체물질로 바뀐다 (조현진 외, 2008).

집중적으로 부착되었다(12월 27일~2008년 1월 1일). 사고 발생 27일 후인 2008년 1월 2일에는 제주도 추자도 해안, 1월 6일에는 사고 해역으로부터 205마일 떨어진 제주시 조천읍 다려도 해안에서도 타르볼이 발견되었다. 유출된 기름은 사고 발생 2~3일 만에 태안반도의 주요 해안선과 연안바다를 오염시키고, 사고 발생 한 달 후에는 타르 형태로 바뀌어 제주도 해상까지 이동한 것이다. 그리고 사고 발생 후 16개월이 지난 2009년 4월 초에는 태안군 일부 해안을 비롯하여 전남의 신안군과 무안군 일대에서 타르볼이 다시 발견되었다. 이는 여전히 방제작업이 미흡한 무인도나 해안 등지에서 2차 오염을 일으킬 수 있는 기름이 남아 있음을 보여준다.

3) 초기 대응

사고 신고접수 즉시 해양경찰청 278함, P-6함(출동 07시 50분, 도착 09시 05분)과 방제21호정이 출동했다(출동 07시 40분, 현장 도착 11시). 방제정이 도착하여 유조선 주변에 오일펜스를 설치했지만 높은 파도와 강한 조류 때문에 중간 부분이 절단되었다. 당시 사고 현장은 풍랑주의보가 발효된 상태로 강한 북서풍(바람 14~16m/s, 파고 3~4m)이 불고 있어 정상적인 방제활동을 수행하기 어려운 상황이었다. 오후에 접어들어 기상이 더욱 악화되자 17시경에는 모든 해상방제활동을 중단하고 인력도 철수할 수밖에 없었다. 다른 한편에서는 파공 부위를 봉쇄하기 위한 작업을 진행했다. 그러나 이 또한 높은 파도와 강풍으로 원활하게 작업을 수행할 수 없었다. 5번 탱크는 12시경, 3번 탱크는 16시경, 1번

〈표 2-5〉 방제 인력, 장비, 자재 투입현황(12월 7일~9일)

방제인력		방제장비		방제자재	
지역주민	1,695	헬기	11	유흡착제	16,435
경찰	600	함정	122	오일펜스	14,120m
군인	2,000	방제선	42	마대	49,536
의용소방대	4,872	어선	68	유처리제	1,164ℓ
자율방범대	900	흡입차량	25	장갑	17,395
민망위대	671	포클레인	1	작업복	11,580
공무원 태안군	957	고압세척기	3	장화	5,042
공무원 태안군 외	50	유회수기	14	기타	532
기타	999	기타	3		
계	12,744	계	289		

자료: 중앙재난안전대책본부(2008).

탱크는 사고 발생 3일 후인 12월 9일 07시 30분경에 응급 봉쇄를 완료할 수 있었다(해양경찰청, 2008).

　기름 확산을 막고 주민 피해를 최소화하기 위하여 양식장이 밀집된 가로림만, 근소만, 천수만 인근에 방제 인력을 집중시키고 만 입구에 3~5중의 오일펜스를 설치했다. 또한 항공기와 함정을 이용하여 다량의 유류처리제를 살포했다. 그럼에도 학암포에서 파도리에 이르는 해안선까지 기름띠가 강하게 부착되었으며 충청남도 연안의 시·군 지역도 기름 오염에서 벗어나지 못했다. 12월 9일까지 막대한 양의 인력과 장비를 투입했지만 기름 회수율은 총 유출량의 2.23%인 280㎘에 불과했다. 국가방제 역량이 3일간 1만 6,500톤임을 고려할 때, 이는 실패한 초기 대응이다.

4) 해양생태계의 오염: 사회경제적 영향의 출발점

유류오염 이후 생태계를 회복하는 데 소요되는 시간은 해안의 특성에 따라 다르기는 하지만 최소 10년, 길게는 30년 이상 걸린다는 것이 과학자들의 일반적인 견해이자 경험적인 관찰 결과이다. 태안 해역과 지형적 특징은 다르지만 국외의 대규모 기름유출사고에서도 중장기적 생태계 변화가 나타났다. 2002년 스페인 해역에서 발생한 프레스티지(Prestige)호 기름유출사고를 보면 사고 이후 태어난 새끼 새에게서 암을 유발하거나 생식능력을 감소시키는 PAHs(다환방향족탄화수소) 농도가 높게 나타났다(Munilla, 2008). 기름유출사고와 직접 관계없는 새끼 새도 오염된 먹이사슬을 통해서 오염피해를 입은 것이다. 또한 미국 알래스카에서 엑손 발데즈호 기름유출사고가 발생했을 당시 많은 이들이 생태계가 원상회복되는 데 20년이 걸릴 것이라고 예상했다. 그러나 최근의 보도에 따르면 다시 20년이 더 소요될 것이라는 진단이 나왔다고 한다(경향닷컴, 2008년 12월 2일자).

태안 해역은 자갈, 펄, 모래로 구성된 다양한 형태의 조간대 지역이 나타나고 있어 중·장기적인 유류 잔류가 예상된다(신용승, 2008). 특히 갯벌의 경우 기름이 충분히 제거되지 않은 상태에서 모래가 쌓이면 기존에 오염된 부분이 지하로 침강하기 때문에 복구에 오랜 시간이 소요된다(환경운동연합, 2008). 또한 태안 해역은 서해의 다른 해역에 비해 수심이 얕고 해류로 인한 희석과 자정능력이 약하여 해저 잔류 유류도 많을 것으로 예상된다. 그리고 절벽과 암석해안이 많이 분포하고 있어 방제작업이 어려운 곳도 많다(신용승, 2008). 2009년 4월에 들어 만리포, 천리포, 구름포 일대에서 재발견된 타르 덩어리도 방제작업이 까다로운 암석해안과 도서 지역에서 흘러나온 것으로 추정된다. 주민의 진술을 들어보면 사고 발생 이후 1년이 지난 시점에도 갯벌을 삽이나 호미로 파보면 여전히 기름이 나온다고 한다. 살아생전에 깨끗한 갯벌을 보지 못하고 죽을 것 같다는 한 촌로의 절망적인 하소연은 결코 과장이 아니다. 태안 해역의 지형적인 특징을 고려해볼 때 잔류유류에 의한 부정적인 환경영향은 장기간 지속될 것으로 예상된다.

정부의 해양오염영향조사에서도 태안 해역의 해양생태계가 급격하게 변화하고 있음을 알 수 있다. 해양생태계의 오염 정도를 대표하는 동물플랑크톤과 대형저서생물 모니터링 자료를 보면, 동물플랑크톤은 사고 이전보다 감소했지만 빠른 속도로 그 수를 회복하고 있다. 반면 대형저서생물은 유류 표착이 심한 지역을 중심으로 종수와 서식밀도가 급속하게 줄어들었다. 연성조하대의 대형저서생물의 경우 사고 이전과 비교하면 생물 종수는 40%, 생물량은 70%, 서식밀도는 63% 감소한 것으로 나타났다. 특히 상위 포식자의 먹이가 되어 생태계의 균형을 유지하는 데 중요한 구실을 하는 연체동물이 가장 많이 감소한 것으로 나타났다. 그리고 기름오염 이후 구멍갈파래와 같은 기회종의 이상번식현상이 뚜렷하게 나타났다(국토해양부, 2008).

생태계의 오염과 먹이사슬의 붕괴는 천해어류의 출현 종수와 평균 밀도를 감소시켰다. 농림수산식품부의 발표를 보면 기름유출사고 이후 수산자원의 밀도가 2004~2007년 평균과 비교해서 봄철에는 47%, 가을철에는 51%로 감소했다(연합뉴스, 2009년 3월 22일자). 실제 조업을 나가본 어민들도 사고 이전과 비교하여 어획량이 많이 줄어들었다고

〈표 2-6〉 연성조하대의 대형저서생물 증감 현황

구분	종수(종/정점)			생물량(g/m²)			서식밀도(개체/m²)		
	07.11	07.12	증감	07.11	07.12	증감	07.11	07.12	증감
연체동물	99	43	▽57	106.8	14.7	▽86	283	49	▽83
다모류	137	89	▽35	10.7	13.0	△21	844	294	▽65
갑각류	107	66	▽7	7.9	8.7	△10	305	172	▽44
극피동물	15	14	▽30	42.7	13.0	▽70	55	40	▽27
기타동물	23	16	▽30	2	3.5	△75	34	6	▽82
합계	381	228	▽40	170.1	39.7	▽77	1,521	561	▽63

자료: 신철호·장정인·최지연(2008).

진술했다. 태안의 주요 특산물인 꽃게부터 마을 인근의 바다에서 많이 잡히던 주꾸미까지 사고 이후 급격하게 줄어든 것이다.

3. 관련 세력들의 대응

이번 사고는 선박 충돌에 의한 기름유출사고라는 점에서 기술재난이라고 할 수 있다. 기술재난 이후에는 부식 과정 혹은 부식공동체의 출현으로 인해 재난 피해자들이 경제적 위기, 사회적 혼란과 갈등, 건강 악화 및 배·보상의 불확실한 상황 속에 지속적으로 노출되는 경향이 있다. 그리고 이러한 부식 과정은 재난관리 책임자인 국가기관 및 재난발생 책임자인 기업 등과 같은 관련 세력들의 대응에서 기인하는 측면이 있다. 즉, 관련 세력들의 신속하고 적절한 대응이 재난피해를 단축시킬 수도 있다는 것이다. 따라서 관련 세력들의 대응 과정을 확인하는 작업은 사고 이후 어촌마을이 경험하는 사회경제적 영향을 이해하는 데 기본 방향을 제시해준다.

1) 국가기관

(1) 중앙정부와 지방정부

① 특별재난지역 지정과 긴급 생계안정자금지원

정부는 사고 발생 4일 후인 2007년 12월 11일에 태안군을 포함하여 충남 6개 시·군(보령, 홍성, 서천, 당진, 서산)을 특별재난지역으로 선포했다. 이후 남쪽으로 기름피해가 확산되자 2008년 1월 8일에 전남 일부 지역(영광, 무안, 신안)도 특별재난지역으로 추가 지정했다.[2] 이에 따라 세금납부를 연장해주고 전기요금, 통화료, 국민연금보험료, 건강보험료 등을 경감해주었으며 피해 주민 자녀들에게는 학자금을 지원했다. 그리고 신속한 사고 수습을 위하여 특별교부세와 국고보조금을 지원했다.

정부와 지자체는 두 차례에 걸쳐 피해 주민에게 '긴급생계안정자금(이하 생계비)'을 지급했다. 정부는 사고 발생 10일 후인 2007년 12월 16일에 생계비를 지급하기로 신속하게 결정했지만, 시·군 간 분배 금액을 둘러싸고 원활한 합의가 이루어지지 않았다. 결국 세 명의 태안 주민이 자살한 후인 1월 말이 되어서야 급하게 주민들에게 1차 생계비를 지급했다. 1차 생계비는 정부지원금 300억 원, 충남도 예비비 100억 원, 국민성금 158억 원 등 총 558억이었으며, 태안군은 총 금액의

---

[2] 이후에도 실질적 피해를 입었는데도 특별재난지역에 포함되지 않은 전북 군산시와 부안군을 '유류오염사고 피해 지역'으로 추가 지정했다.

57%인 323억 6,500만 원을 분배받았다. 태안군은 피해 정도에 따라 등급을 A(소원면, 원북면), B(근흥면, 이원면), C(안면읍, 고남면, 남면), D(태안읍)로 나누어 생계비를 차별적으로 지급했다. 총 1만 9,397세대가 1차 생계비를 지급받았는데, 이는 태안군 전체 세대의 73.9%에 해당하는 높은 수치이다. 당시 생계비는 바다에 기반을 둔 모든 경제활동이 중단된 상태에서 주민들이 일시적으로 경제적인 안정을 찾는 데 도움을 주었다. 그러나 생계비 분배 과정에서 주민 갈등이 폭발되었으며 지자체에 대한 불신이 생겼다. 갈등과 불신의 주요한 원인은 모든 읍·면 단위의 말단 행정리까지 적용할 수 있는 공통의 생계비 지급 기준이 없었기 때문이다(박재묵, 2008).

당시 생계비 지급방식을 보면 마을심의위원회에서 지원대상자를 선정하여 읍·면 심의위원회에 제출하고, 읍·면 심의위원회에서 이를 다시 군 심의위원회에 제출하여 승인받는 구조였다. 그리고 마을심의위원회가 배정된 금액을 범위 내에서 차등적으로 지급할 수 있게 함으로써 생계비의 차등적 혹은 균등적 지급 여부가 마을회의의 판단에 따라 결정되었다. 즉, 공식적인 행정조직에서 해야 할 일들을 특별한 행정권한도 없는 마을자치조직에 떠넘겨버린 것이다. 여기에 생계비 지원 제외대상자에 '경미한 피해는 있지만 생계에 지장이 없는 자', '피해가 없다고 스스로 인정하는 자' 등과 같은 모호한 문장을 사용하여 주민 간에 불필요한 논쟁을 유발했다. 결국 행정의 말단 단위인 마을이장과 마을자치조직에 지나친 권한과 책임을 주고 개인의 입장에 따라 다르게 해석될 수 있는 모호한 규정을 만든 것 등이 생계비 분배를 둘러싼 주민 갈등뿐 아니라 지방정부에 대한 불신을 폭발시켰다.

그때 당시 1차 생계비 지급기준이 누구를 얼마 주라 하는 게 없었지요. 국가에서는 충청남도로 주고, 충청남도에서는 태안군으로 주고, 태안군은 또 면으로 주고, 면은 또 마을로 주고, 마을에서 일하시는 분들이 욕을 많이 먹었죠. 마을에서도 심의위원회를 15인 정도로 구성했어요. 거기서 누구는 얼마 주고를 결정했지요. 그러다 보니 마을일 맡으신 분들이 욕을 많이 먹었죠. 저희 면은 23개 부락이 있는데 10개 부락은 균등배분을 하고 13개 부락은 차등배분을 했어요. 그것도 저희가 관여를 못 하고 마을로 넘겼지요. 어떻게 주라는 법이 없으니까. 마을일 보시는 분들이 너무 고생했지요. 모든 책임을 마을로 넘겼으니까(○○면 면사무소 관계자).

당시 태안 읍내 41개의 마을이장들은 태안군이 생계비 지급 기준을 수시로 바꾸어 행정에 대한 주민불신을 자초했음에도 이를 이장들의 문제로 미룬다면서 집단사퇴서와 항의성명서를 군에 제출하기도 했다 (태안군, 2010: 339). 당시 주민들의 항의와 점거사태로 군청과 면사무소가 정상적인 업무를 하지 못할 정도에 이르렀다. 원북면 신두리에 거주하던 한 주민은 생계비 분배에 대한 강력한 항의표시로 면사무소에서 자신의 왼손 약지를 절단했고, 폐유를 군의 유류대책지원과에 투척하는 사건도 발생했다. 관계 공무원의 진술을 들어보면 당시 주민들이 욕으로 대화를 시작했을 정도로 행정기관에 대한 불만과 불신이 극심했다고 한다. 마을이장들 또한 생계비 분배를 둘러싸고 "마을주민들한테 하루에 모가지가 10번 잘렸다 붙였다", "칼질을 하는 것과 같았다"라고 진술할 정도로 극심한 정신적 고통을 겪었다.[3]

2차 긴급생계비는 같은 해 4월 중순부터 지급되었다. 지급 금액은 283억 3,700만 원으로 총 1만 4,855세대가 지원받았다. 2차 생계비 지급은 1차 생계비 지급 과정에서 나타난 문제점을 해결하기 위해 공청회와 설문조사 등을 거쳐 주민들의 의견을 수렴했다. 그리고 군 심의위원회에서 만든 일괄적인 기준을 적용하여 지급했다. 1차 생계비 지급처럼 읍·면 피해등급을 4등급으로 나누어 차등 지급한 것은 같지만, 마을 심의위원회에서 대상자를 선정하지 않고 개인별로 신청하도록 하여 갈등의 소지를 사전에 제거했다. 또한 업종과 세대원 수에 따라 가중치를 두어 실제 피해를 당한 사람들에게 더 많은 생계비가 지급되도록 했다.

---

3) 모항에 거주하는 한 시인(정낙추, 2008)이 쓴 수필을 보면 당시에 생계비 분배를 둘러싸고 벌어진 갈등의 심각성이 잘 묘사되어 있다. "생계비 분배 시한폭탄이 군에서 면으로, 면에서 마을이장에게로 돌려졌다. '경미한 피해를 입었으나 생계에 지장이 없는 자'는 제외라는 문학적인 표현의 공문이 하달됐다. 폭탄은 이장들의 손에서 터졌다. 지역이 나뉘고 업종이 쫙 갈라졌다. 피해는 어민이 입었는디 균등배분이라니. 어떤 놈 아가리서 나온 말이여. 이건 배상금이 아니라 생계비지원비란 말이여. 농사짓는 것들이 무슨 피해 있다구 지랄이여. 왜 피해가 없어, 농산물이 안 팔리면 그것두 피해지. 어민들의 논밭인 바다가 절단났는디. 어디서 끼어들구 자빠졌어. 바다를 늬들이 샀냐. 샀거들랑 문서 내놔봐. 멱살드잡이에 막말이 오갔다. 이웃사촌, 친사촌 가리지 않고 욕설이 난무했다. 집단행동이 전염병처럼 각 마을을 휩쓸었다. 군청이 점거되고 면사무소 유리창이 박살났다. 면사무소와 군청에 헌납하려 손가락 두 개를 잘랐다는 끔찍한 소문이 돌았다. 소문의 끝은 사실이었다. 골프채를 든 손에도 생계비가 쥐어졌다는 말이 떠돌았다."

② 방제인건비 지급과 주민 일자리사업

사고 이후 태안 주민들의 경제활동이 크게 위축되거나 중단되면서 방제작업과 공공근로형태의 일용노동이 피해 주민들의 주요한 경제활동이자 소득원이 되었다.4) 당시 방제활동은 크게 5단계로 추진되었다. 1단계는 사고 발생부터 1월 말까지 대규모 인력을 투입한 응급방제, 2단계는 3월 말까지 중장비를 집중적으로 투입한 전문방제, 3단계는 6월 초까지 취약 지역 집중방제, 4단계는 9월 말까지 마무리 방제 그리고 마지막 5단계는 10월부터 시작한 환경정화를 위한 방제활동이다(태안군, 2008: 108). 방제작업의 추진 과정을 보면 지속적이고 광범위한 방제활동이 이루어지고 있는 것처럼 보인다. 하지만 해수욕장 개장을 앞둔 6월 말부터 9월에 이르는 3개월 동안 방제작업이 중단되었다. 이런 배경에는 방제작업을 계속 진행하면 지역 이미지가 훼손되어 관광객이 감소될 수 있음을 우려한 측면이 크게 작용했다. 즉, 환경복원보다는 사고 이후 침체한 지역경제를 여름철 해수욕장 개장을 통해 활성화하려는 경제적인 목적에서 급하게 방제작업 종료를 선언한 것이다. 오염정도가 심각한 피해 지역 주민들과 환경 관련 시민단체들이 항의했지만 중단 결정이 번복되지는 않았다. 이후 10월 초에 가서야 국립공원관리공단의 지원으로 방제작업이 일부 지역에서 재개되었다.

---

4) 태안군 관내 해면 양식장(5,649헥타르)의 81.9%(4,646헥타르)가 오염피해를 입었다. 피해 주민이 1만 7,099명(수산 분야 6,835명, 비수산 분야, 1만 264명), 피해접수만도 2만 6,413건(수산 분야, 1만 4,952건, 비수산 분야, 1만 1,461건)에 이른다. 태안 주민들을 상대로 사고피해 정도를 조사한 자료에 따르면 전체 주민의 90%가 하나 이상의 피해에 노출된 것으로 나타났다(이시재, 2008).

긴급방제를 종료하기로 결정한 민관합동 실무협의회 내에서도 종료 시점을 둘러싼 의견 대립이 첨예하게 벌어졌던 것으로 알려졌다. IOPC 기금(International Oil Pollution Compensation Funds) 측의 국내 손해사정 업체인 한국해사검정(Korea Marine & Oil Pollution Surveyors: KOMOS) 또한 전체 지급금액을 낮추기 위해 방제작업을 종료하고 자연방제에 맡길 것을 주장했다(윤순진·박순애·이희선, 2009). 피해 주민의 입장에서 방제작업의 중단은 생계유지에 필요한 터전을 회복할 수 있는 기회가 중단 혹은 지연되는 것일 뿐 아니라 사고 이후 주요한 대체소득원이 상실됨을 의미했다. 따라서 주민들은 지속적인 방제작업을 요구했으나 관계 기관 및 한국해사검정 측은 비효율적이라는 이유를 들어 방제작업을 중단했다. 결국 주민들의 입장에서 보면 삶의 터전인 바다환경을 회복할 수 있는 기회와 대체소득원을 상실하고 만 것이다.

여기에 2007년 12월분 방제인건비(일일 남성 7만 원, 여성 6만 원)는 2008년 2월 4일에서야 선주보험사에 의해 지급되었고, 1~6월분에 대해서는 지급이 늦어졌다. IOPC기금은 7월에 가서야 1~2월분 방제 인건비 사정결과를 발표했는데, 청구액 138억 원의 67%인 94억 원만을 지급하겠다고 발표했다. 이에 정부와 태안군은 지역상황과 주민정서를 고려하여 1~2월분 방제인건비의 사정차액 44억 원을 행정안전부의 특별교부금을 받아 지급했다. 그리고 3~6월분은 사회복지공동모금회의 지원금 21억 원과 태안군에서 지방채 72억 원을 발행하여 대위지급했다. 6월까지의 방제인건비는 2008년 12월 초가 되어서야 지급이 완료되었다. 사고 이후 방제인건비는 주민들에게 가장 중요한 생계자금이었지만 적시에 지급되지 않아 주민들의 경제적 고통을 더욱 가중시켰다.

방제작업이 진척되면서 태안군은 주민들의 생계안정을 목적으로 해수욕장 및 항포구 주변 청소, 제초작업 등의 생계안정 특별공공근로사업(이하 공공근로)과 사회적 일자리사업을 추진했다. 공공근로는 방제작업을 일정 정도 마무리한 7월과 8월 두 달에 걸쳐 실시할 계획이었으나 농번기가 되어 잠시 중단했다가 11월 중순경 다시 시작하여 마무리했다. 사업 초기에 참여인원을 가구당 1인으로 하고 나이 제한을 두어 주민들의 항의를 받았지만 이후 마을의 사정에 따라 나이 제한은 완화되었다. 사회적 일자리사업은 공공근로사업에 참여할 수 없었던 저소득층 노약자들의 생계지원을 목적으로 9월 22일부터 11월 7일까지 45일간 실시했다. 이 외에도 양식장 피해가 심한 소원면, 소근리, 원북면 일대의 양식장 철거작업에 피해 주민들을 참여시켜 생계지원을 했다. 기름유출사고 이후 주민들의 경제생활은 방제작업이나 공공근로, 생계비와 같은 한시적인 외부 자원에 의존하는 형태로 전환되어버렸다. 즉, 생물의 자연적 순환 과정에 의존했던 순환형 어업경제활동이 붕괴되고 일용노동형태로 생계자원이 변화된 것이다.

(2) 국회: 특별법 제정

일반적으로 유류오염사고가 발생하면 정부는 방제작업과 환경복원 등 공공성이 있는 부문에 관여하지만, 피해자의 유류오염피해의 구제와 관련된 민사상 문제에는 직접적으로 관여하지 않는다(조동오·목진용, 2008). 즉, 사적 거래영역인 손해배상 및 보상과 관련된 부분은 가해자와 피해자가 직접 해결하도록 한다. 하지만 유류오염손해보상에 관련한 국제기금 보상체계의 한계점 때문에 규모가 큰 유류오염 사고의 경우 특별법 제정을 통해 국가의 직접적인 개입이 이루어지기도 한다.5)

사고 직후 피해 주민이 느끼는 손해 배·보상에 대한 불안감을 해소하고 지역사회를 빨리 복구시키기 위해 피해 주민과 시민단체 그리고 정치권에서 특별법 제정을 요구했고, 국회가 이를 수용하여 2008년 2월 22일에 「허베이스피리트호 유류오염사고 피해 주민의 지원 및 해양환경의 복원 등을 관한 특별법」(이하 「유류오염특별법」)을 통과시켰다. 관련 특별법이 빠르게 제정된 배경에는 사고에 대한 전 국민적 관심도 있었지만 2008년에 있을 총선이 정치적 압력으로 작용했다. 특별법 제정은 피해 주민과 피해 지역을 지원할 수 있는 법적 근거와 지원대책을 담고 있다는 점에서 의미가 있다.

「유류오염특별법」에는 사고 초기 지역주민들의 핵심 요구사항인 정부에 의한 '선배상', '한도초과보상금', '대부금' 지급 등을 포함했다. 그뿐만 아니라 '실질적 피해를 입었음에도 손해배상 또는 보상을 받지 못한 자'에 대한 지원을 결정함으로써 맨손어업과 무허가어업을 했던 주민들도 배상을 받을 수 있는 법적 근거를 확보했다. 이 외에도 해양환

---

5) 그 대표적인 사례가 2002년의 프레스티지호 기름유출사고 때 보인 스페인 정부의 개입이다. 당시 스페인 정부는 제정된 특별법에 근거하여 국제기금의 보상한도액을 초과한 금액을 국가가 직접 지급했다. 1999년 에라카(Erika)호 기름유출사고 때 프랑스 정부도 정부채권보상을 일반 피해자보다 뒤로 미루는 '정부채권후순위'라는 정책적 대응을 통해 개입했다. 방법의 차이는 있지만 민사 영역인 손해배상 및 보상에 국가가 체계적으로 개입한 선례가 되었다(조동호·목진용, 2008; 노진철, 2010). 국제보상체계는 다음 절에서 자세히 논의하겠다.

경복원을 위해 특별해양환경복원지역의 지정, 지역사회 활성화를 위한 유류오염사고 피해 지역에 대한 지원과 지역경제 활성화지원 방안 등을 담고 있다.

그러나 특별법은 주민들의 피해를 구제하는 데 한계가 있다. 특히 선배상 부분은 결정적인 결함을 가지고 있다. 정부가 선배상할 수 있는 피해금액은 IOPC기금이 산정한 피해금액을 기준으로 결정되기 때문이다. IOPC기금의 실사 기간이 길어질 것에 대비해서 선배상 조항을 만든 것인데, 기금에서 피해액을 결정하기 전까지는 주민들이 국가로부터 배상금을 받을 수 없는 모순이 생긴다. 결국 신속한 경제적 안정을 위한 선배상의 의미가 퇴색하고 만다. 그리고 사고 이후 경제사정이 악화된 주민들의 입장에서는 자신들의 실질적인 피해금액을 따지기보다 IOPC기금이나 정부가 정한 피해액을 받아들일 수밖에 없다(한겨레21, 제702호).[6] 게다가 우리나라의 어업관행상 피해를 증명할 수 있는 충분한 근거자료를 제출하지 못할 가능성이 매우 높다. 따라서 실제 주민들이 입은 피해에 대한 금액과 배상금 사이에는 상당한 차이가 있을 것으로 보이며, 손해 사정 기간이 장기화될 가능성이 높다. 결국 피해 주민들의 경제적 안정을 위한 피해배상 및 보상에 관해 국가의 개입이 특별한 효과를 내지 못하게 되었다.

---

[6] 이 문제에 관한 피해 주민들의 끈질긴 요구로 2011년 4월 20일 IOPC기금과 조업 제한 시기 차이로 발생하는 피해 차액을 정부 및 지자체가 보상하기로 개정한 특별법이 국회법사위를 통과했다.

(3) 법원: 사고책임자 규명과 선박소유자 책임제한 절차개시

이번 기름유출사고는 두 선박의 충돌로 인해 발생했기 때문에 법적 책임은 형사재판을 통해 가려지는데, 현재는 상고심인 대법원 판결로 모든 재판 절차가 종결된 상태이다. 피해 주민들의 주요한 관심은 무한책임배상의 근거가 될 수 있는 삼성중공업(주)의 중과실 여부를 밝히는 것이었다. 하지만 법원은 삼성T-5 선장에게 징역 2년 3개월, 벌금 200만 원, 삼성T-3호 선장에게 징역 8개월, 삼성1호 선장에게 징역 1년 3개월, 유조선 선장에게 벌금 2,000만 원, 유조선 1등 항해사에게 벌금 1,000만 원, 「해양오염방지법」 위반 혐의로 삼성중공업(주)과 허베이스피리트호(주)에 각각 벌금 3,000만 원을 선고하는 것으로 형사재판을 마무리했다. 법원은 사고 책임을 쌍방과실로 판결하여 주민들이 입은 손해배상에 대한 책임도 양측으로 분할했다. 따라서 형사재판의 결과만 놓고 본다면 삼성중공업의 중과실책임을 밝혀 구상권을 행사하거나 징벌적 배상금 등을 징수하는 것이 현실적으로 어려운 상황이다(홍덕화·구도완, 2009).

그뿐만 아니라 사고 책임자인 허베이스피리트호 선박 측이 선주보험사(SKULD P&I Club) 가입한도액인 1,424억 원, 삼성중공업이 56억 3,400만 원 이내로 책임을 제한하는 '책임제한 절차개시'를 신청했고 법원이 이를 받아들인 상황이다. 국내 상법 제769조에 따르면 "선박에서 또는 선박의 운항에 직접 관련하여 발생한 사람의 사망, 신체의 상해 또는 그 선박 외의 물건의 멸실 또는 훼손으로 인하여 생긴 손해에 관한 채권"에 대해서는 선박소유자(선박임차인)가 배상금액을 제한할 수 있는 유한책임제도를 규정하고 있다. 단 "그 채권이 선박소유자 자신의 고의 또는 손해 발생의 염려가 있음을 인식하면서 무모하게 한 작위 또는 부작위로 인하여 생긴 손해에 관한 것인 때"는 유한책임제한을 주장할 수 없다. 즉, 무한책임을 지게 된다. 하지만 법원은 삼성중공업에 "태안 사태가 삼성중공업의 고의 등으로 인한 사고가 아님이 인정되며 주민들이 주장하는 손해배상액이 책임제한 한도를 초과하기 때문에 이렇게 결정한다"(≪한겨레신문≫, 2009년 3월 25일자)는 판결을 내림으로써 삼성중공업 측의 손을 들어주었다. 그리고 제한금액은 선박 톤수에 따라 결정되기 때문에 상대적으로 톤수가 적은 예인선의 경우 56억 원이라는 낮은 금액을 신청할 수 있었다. 이에 피해 주민들은 즉각 항고했다.

　법원은 사고책임자들의 고의나 무모한 행위로 인한 중과실책임을 인정하지 않음으로써 이번 사고가 책임제한 배제요건에 해당하지 않는다고 판단했다. 즉, 피해 지역 주민과 환경단체들의 주장과는 다르게 이번 사고가 '유한책임의 예외적 사유에 해당하지 않는다'고 판단한 것이다. 이로 인해 허베이스피리트호 선박 측은 1,425억 원, 삼성중공업 측은 56억 3,400만 원 내에서 손해배상을 하면 된다. 법원의 법률적 판결은 삼성의 무한책임을 주장하는 피해 주민 및 환경단체의 입장과 상반된 것이었다. 오히려 법원의 판결이 배상금을 제한함으로써 가해자인 기업의 책임을 합법적으로 최소화시켜주었다.

2) 국제보상체계: IOPC기금

　유류유출사고 피해는 1차적으로 유조선 선주가 '유류오염손해민사

책임협약(International Convention Civil Liability for Oil Poullution Damage: CLC)'에 의해 책임을 진다. 그러나 일정한 배상한도액을 초과하면, 그 이상의 피해에 대해서는 하주인 정유사의 손해배상책임을 규정한 '국제기금협약(International Convention on the Establishment of Internation Fund for Compensation of Pollution Damage: FC)'에 따라 2차로 추가적인 보상이 이루어진다(노진철, 2010). 국제기금협약을 관리하는 기구는 IOPC기금이며 우리나라는 IOPC기금의 가입국이다. 따라서 1차 책임배상자인 유조선 선박소유자가 보험금으로 지급하지 못한 피해금액은 2차 배상책임자인 IOPC기금에서 지급받을 수 있다. 손해 배·보상의 주체가 유조선 선주와 IOPC기금으로 다르지만, 대부분의 손해 배·보상의 문제는 IOPC기금의 회의와 지침에 의해 결정된다(국제해양문제연구소, 2010: 293).

IOPC기금은 현재까지 총 다섯 차례에 걸쳐 피해추정금액을 발표했다. 1차 발표에서는 3,720~4,240억 원(2008년 3월), 2차 발표에서는 5,385~5,735억 원(6월), 3차 발표에서는 5,663~6,013억 원(10월), 4차 발표에서는 5,673~6,023억 원(2009년 3월)이었다가, 5차에서는 다소 줄어든 5,420~5,770억 원으로 발표했지만(10월), 국제보상체계에 의한 보상한도액은 최고 3,218억 원으로 제한된다.[7] 이것의 결정적인

---

7) IOPC기금은 기름유출로 인한 환경피해 금액을 전혀 계산에 넣지 않았다. 비사용가치(non-use value)를 화폐단위로 측정하는 조건부 가치측정법(Contingent Valuation Method: CVM)을 이용하여 이번 사고의 환경피해액을 추정한 연구에 따르면 환경피해액의 규모가 연간 630억 원에 이른다(신철호·장정인·최지연, 2008: 100~101).

이유는 국내 정유사들의 이익을 위해 정부가 배상한도액을 1조 원으로 확대하기 위해 만들어진 '2003년 보충기금(2003 Supplementary Fund Protocol)'에 가입하지 않았기 때문이다. 그 결과 피해 주민들이 받을 수 있는 배상금은 허베이스피리트호(주)가 가입한 선주보험사에서 받을 수 있는 보험금을 포함하여 약 3,218억 원으로 제한되었다(박재묵, 2008).

재난피해의 신속한 복구를 위해서는 신속하고도 완전한 손해 배·보상이 이루어져야 한다. 즉, 신속하고 완전한 손해 배·보상은 이러한 문제들이 해결되지 못하고 장기화되었을 때 나타날 수 있는 경제적·심리적 고통을 완화시킬 수 있다. 그러나 IOPC기금 측의 손해사정 및 배·보상의 원칙과 절차는 신속함이나 완전함과 거리가 멀다.

국제기금보상청구 매뉴얼(IOPC Fund Claims Manual)에 따르면 유류오염 피해보상의 청구 및 보상은 객관적·합리적·과학적인 입증자료에 근거하도록 규정하고 있다. 즉, IOPC기금의 보상 원칙은 정량적으로 산정할 수 있는 경제적 피해에 대해서만 보상하기 때문에 피해자는 자신이 입은 피해를 입증할 수 있는 자료를 제시해야만 한다(국제해양문제연구소, 2010: 318). 그러나 한국처럼 어민들이 다양한 형태의 소규모 어업에 종사하는 경우 입증자료를 제출하는 것이 때로 불가능할 수도 있다.

> 사실 맨손어업 허가증도 없이 평생을 굴 까서 애들 가르치고 한 분들이 상당히 많아요. 굴 까서 팔 때마다 영수증 받는 사람은 없죠. 그분들은 평생 조개도 잡고, 해삼도 잡고, 전복도 잡고 이런 식으로 일한 분들이에요. 허가증 없이 한 분들, 사실 불법이지만 관습이잖아요. 옛날부터 해오

던 건데, 그분들이 보상을 못 받게 되니까. 입증자료가 있어야 하는데, 만들 수가 없어요. 입증자료가 없는 분들이 많이 있지요(○○면 면사무소 관계자).

우리가 현재까지 조사한 자료 보면 보상이 1,000억도 못 나가요. 왜냐하면 근거자료가 없으니까. 보험회사도 증빙서류 있으면 100% 다 주겠다는 거야. 그런데 서류해서 보내면 뭐 잘못됐다고 내려보내. 그럼 3개월 지나는 거야. 한 번 더 내려오면 6개월이여. 세 번만 내려오면 1년이라고 그래서 우리는 조금 타더라도 그냥 다오, 이렇게 되는 거야(○○면 비수산 분야 대책위 관계자).

기금 측이 피해 청구자에게 과도하게 객관적인 입증자료를 요구하는 관료적인 태도 때문에 손해 사정 기간이 장시간 소요될 뿐 아니라 영세한 피해자들은 피해를 증명하는 데 많은 어려움이 따른다. 피해자 측에서 집단으로 손해감정인을 고용하여 피해조사보고서를 제출한다고 해도 기금 측은 철저하게 자신들이 선임한 손해감정인들의 보고서에 따라 손해 배·보상액을 결정하기 때문에 피해자 측의 주장이 반영되지 않는다. 따라서 피해자가 기금의 손해사정액을 받아들이지 않는다면 선박소유자 및 보험사, 국제기금 등을 상대로 언제 끝날지 모르는 손해배상청구소송을 제기할 수밖에 없다.

손해 배·보상과 사정 기간의 장기화는 피해자의 정신적·경제적 고통이 그만큼 장기화된다는 것을 의미한다. 이번 기름유출사고가 발생한 지 3년이 지나는데도 현재까지 손해 배·보상 문제가 지지부진한 것도 피해의 신속한 복구보다는 자신들이 우위에 있는 과학적·기술적 헤게모니를 이용하여 지급금액을 최소화하려는 IOPC기금의 보이지 않는 전략 때문이다. 2010년 12월을 기준으로, 충청남도에서만 증빙서류를 갖추고 기금 측에 청구한 피해건수가 6만 9,889건, 1조 2,169억 원에 이른다. 그러나 실제 사정이 이루어진 것은 1만 4,000여 건인 21.2%에 불과하다. 실제로 지급된 건수는 1,422건, 152억 원에 불과하다. 기금 측은 초기의 고압적인 자세에서 한발 물러나 조업 제한시기를 한 달 연장해주고, 무면허·무허가·무신고에 대해 피해보상을 하지 않겠다던 기존 입장에서 무면허 지역인 신두리 양식장(태안군 원북면)에 대해 피해 보상을 하겠다며 다소 유연한 입장을 보이고 있다. 그럼에도 손해 사정 기간의 장기화, 과도한 증빙자료를 요구하는 IOPC기금의 제도적 한계 때문에 피해 주민들의 고통은 장기화되고 있다.

3) 관련 기업

이번 기름유출사고와 관련된 기업은 삼성중공업, 허베이스피리트호사, 현대오일뱅크이다. 현대오일뱅크는 직접적인 책임당사자가 아니므로 법적인 책임은 없다. 다만 주민 정서를 고려하여 구호물품을 지원하는 소극적인 활동을 진행했을 뿐이다. 그리고 사고 책임의 한 당사자인 허베이스피리트호사는 책임제한 절차개시신청을 통해 배상책임을 최소화하는 데 집중하고 있다. 사고 발생 직후부터 피해 주민과 시민단체는 삼성중공업을 사고의 핵심 책임자, 즉 가해자로 지목하고 집회, 항의방문, 기자회견 등을 통하여 사과와 책임을 촉구했다. 하지만 삼성은 사고 초기에 어떠한 공식적인 입장도 표명하지 않았다. 2008년 1월 21일 검찰이 중간 수사결과를 발표하면서 삼성중공업에 대한 중과실 혐의를 판단하지 않고 기소할 것이라는 사실을 확인한 직후인 2월 22일에야 공식 사과문을 발표했다. 이때는 이미 47일이 지난 후였다. 그리고 사과문에서도 갑작스러운 기상악화로 인한 어쩔 수 없는 사고임을 주장하면서 책임을 회피하려는 의도를 숨기지 않았다. 이러한 공식 입장은 삼성중공업의 무한책임을 주장하는 피해 주민이나 시민단체들의 주장과 매우 상반된 것이었다. 이후 책임제한 절차개시 신청과 같은 법적 제도를 이용하여 책임을 최소화하려는 삼성의 대응은 피해 주민들의 공분을 사기에 충분했다. 주민들이 내걸었던 플래카드 문구에서도 당시 삼성에 대한 분노를 확인할 수 있다.[8]

삼성중공업의 공식적인 대응은 법률적 유·불리에 따라 진행되었지만 비공식적인 활동은 사고 직후부터 활발했다. 그 대표적인 사례가 삼성에 대한 비판여론을 관리한 것이다. ≪시사인≫(26호)의 보도를 보면, 사고 초기 삼성중공업 홍보실 직원들이 태안에 상주하면서 언론사 기자들에게 식사와 숙박은 물론 수십만 원짜리 스키복까지 제공했다. 이런 편의 제공이 보도에 영향을 미치지 않았다고 기자들은 주장했지만 사고 초기 언론보도를 보면 가해자인 삼성중공업이 사라진 형태

---

[8] 당시 주민들이 주로 외쳤던 구호들을 보면, "사고발뺌, 책임회피, 삼성은 다르구나", "삼성미술품 팔아 태안 굴밭 매입하라", "타살된 태안바다, 삼성그룹 살려내라", "무한책임, 무한보상, 삼성그룹 약속하라", "삼성타도, 삼성불매, 태안군민 통곡한다" 등이다(이병혁, 2008).

의 보도 프레임이 나타났다(이창현·김성준, 2008). 기자들의 말처럼 보도에 반영되지 않았다 하더라도 이런 행위 자체가 언론과 삼성에 대한 신뢰를 떨어뜨리기에 충분하다. 그뿐만 아니라 삼성 측은 지역농산물 구매를 통해 지역여론을 관리하려고 했으나 오히려 어민과 농민 간의 주민 갈등만 부추기는 결과를 가져오기도 했다.

2008년 2월 29일, 삼성중공업은 법적인 피해보상과는 별도로 서해안지역발전기금으로 1,000억 원을 출연하겠다고 발표했다. 그리고 환경복원을 위한 방제활동과 장비 지원, 피해마을과의 자매결연, 피해지역 소외계층을 위한 사회공헌활동 등을 약속했다. 삼성중공업의 출연기금은 피해 주민들의 기대에 미치지 못하는 것이었으며, 집행방식에서 주민 갈등을 유발할 수 있었기에 시혜적인 형태를 띤 출연기금보다는 완전한 피해보상이 더 절실히 필요했다. 그러나 삼성은 자사에 대한 부정적인 여론이 팽배한 가운데에서도 자원봉사, 직원 연수, 농산물과 태안 상품권 구매, 무료 진료사업 등을 지속적으로 추진했고, 그 결과 사고 발생 8개월 만에 피해마을과 자매결연을 맺는 성과를 올렸다. 2008년 7월 11일, 하전2리를 포함한 다섯 개 마을이 삼성과 자매결연을 체결했다. 하지만 이러한 자매결연은 상호교류를 목적으로 하는 자매결연의 본래 취지와 전혀 맞지 않았다. 삼성은 지역여론을 관리하려는 목적이었다. 즉, 우호적인 상호교류라기보다 필요한 이익을 취하려는 목적이 있었다.

삼성과의 자매결연은 지역사회 내부의 갈등을 폭발시켰다. 자매결연을 찬성한 주민들은 "바다가 오염돼 더 이상 바다에서 수입을 얻을 수 없으므로 삼성중공업과의 자매결연을 통해 뭔가 해결책을 찾아야 한다"고 주장했다. 반면 반대한 주민들은 "현재 삼성중공업과 관련된 민·형사상의 재판이 진행되고 있는 상황에서 자매결연을 하면 판결에 영향을 끼칠 수 있을 뿐 아니라 향후 삼성과의 투쟁에서 주민동력이 상실"될 수 있다는 입장을 취했다(태안군, 2008: 251~252). 태안군수와 '태안군 유류피해민대책연합회' 차원에서도 삼성과의 자매결연이 오히려 주민 갈등만 불러온다고 판단하여 삼성 측에 자매결연사업을 중지해달라고 요청하고 마을 단위의 자매결연에 반대하는 입장을 분명히 했지만 마을 자체의 결정을 막을 수는 없었다. 법적 책임과는 별도로 나름대로의 도의적 책임을 다하겠다는 삼성의 태도는 그들의 입장에서 최선을 다하는 것처럼 보인다. 하지만 피해 주민의 입장에서 보면 법적 책임은 철저하게 회피하면서 도의적 활동을 진행하겠다니 그 순수성을 의심할 수밖에 없다. 삼성의 이러한 대응방식은 의도했든 의도하지 않았든 지역사회의 갈등을 유발하여 삼성에 맞설 주민들의 단결을 저해하는 주요한 원인이 되었다.[9]

---

[9] 수협 대책위 관계자의 진술을 통해서도 이를 확인할 수 있다. "태안 피해민들이 똘똘 뭉쳐 삼성중공업하고 강력하게 투쟁을 해야 한다. 결론은 쉽게 나오잖아요. 그걸 가지고 싸워야 하는데. …… 삼성중공업이 이렇게 야비하게, 이 마을 저 마을 다니면서 자매결연 맺고, 이렇게 해서 여론을 호도하고 무마하는 거죠. …… 그러다보니, 삼성하고 맞장 깔 단결된 투지가 태안 군민들에게 절대적으로 부족하죠(수협대책위 관계자 남, 46세)."

4) 시민사회

(1) 시민단체의 활동

이번 사고와 관련하여 수많은 시민단체가 참여했는데, 이 중 환경운동단체가 가장 적극적이었다. 사고 발생 4일 후인 12월 10일, 환경운동연합은 소원면 천리포 수목원에 현장구조본부를 설치하고 자원봉사활동을 포함한 각종 현장활동을 지원했다. 사고 초기에는 해안의 기름을 제거하는 것이 가장 시급한 문제였다. 이에 2007년 12월 15일부터 2월 24일까지 녹색연합과 공동으로 시민구조단을 10여 차례나 조직하여 기름 제거, 복구장비 정비, 조류 구호 등의 자원봉사활동을 독려했다. 이 기간에 환경운동연합을 통하여 방제작업에 참여한 자원봉사인원이 1,500여 명이었고, 시민성금은 4억 원 이상 모금되었다. 또한 다른 한편에서는 단일선체 유조선의 문제점을 지적하고 사고책임자 규명과 피해 주민을 위한 특별법 제정을 촉구하는 각종 활동을 전개했다. 이 외에도 태안과 서산 지역의 지역시민·사회단체들도 '허베이스피리트호 기름유출사고 태안반도 시민공동대책위원회(이하 태안반도 시민공대위)'를 결성하여 방제활동을 포함한 다양한 활동을 지원했다.

그러나 환경단체의 이러한 활동에도 이들에 대한 주민들의 신뢰 수준은 낮게 조사되었다(이시재, 2008). 환경단체에 대한 고마움과 신뢰는 별개의 문제였다. 환경단체에 대한 낮은 신뢰는 2008년 3월 16일에 환경운동연합을 중심으로 태안유류피해 투쟁위원회, 태안반도 시민공대위가 공동으로 추진하려 한 '허베이스피리트호 사고 100일, 서해안 살리기 국민의 날 행사'가 일부 지역주민의 극렬한 반대로 무산된 사건에서도 잘 드러난다. 환경운동연합은 행사를 통해 자원봉사 열기를 다시 살리고 시민을 초청하여 침체된 지역경제를 회복하는 데 도움을 주고자 했다. 그러나 방제작업이 끝나지도 않은 상황 속에서 축제를 할 수 없다는 주민들의 입장과 환경운동연합이 삼성의 사주를 받았다거나 행사와 관련하여 태안군에 돈을 요구했다는 등의 유언비어가 급속히 확산되면서 일부 피해 주민들이 행사 진행을 극렬하게 반대했다. 근거 없는 유언비어가 빠르게 확산된 것은 당시 피해 지역 주민들이 얼마나 극심한 불안상황에 놓여 있었는지를 잘 보여준다. 당시에 행사가 무산된 이유는 피해 주민들의 의견을 충분하게 수렴하지 않은 상태에서 행사를 추진한 환경단체 측의 부주의와 피해 주민들의 불안한 심리상태가 상승작용하면서 나타난 결과로 볼 수 있다.

(2) 자원봉사자의 활동

이번 기름유출사고와 관련된 시민사회의 대응에서 국내외적으로 가장 큰 주목을 끌었던 것은 130만 명이 넘는 자원봉사자들의 활동이다(박재묵·이정림, 2009). 12월에 최고조에 이르렀던 자원봉사자들이 2008년 2월에 들어서며 급격하게 줄어들기 시작했고, 방제작업을 마무리하는 6월 8일 공식적인 자원봉사자 접수도 종료했다(<그림 2-5> 참조). 자원봉사에는 가족과 친구, 개인 단위로 참여한 경우도 있지만 단체를 통한 참여가 가장 활발했다. 특히 종교계, 공무원, 경찰·군인·소방대의 참여 비율이 전체 자원봉사자의 60.3%를 차지했다. 이는 자원봉사자들의 참여 동기에 소속기관의 독려가 높은 비중을 차지하고 있다는 사실을 보여준다. 따라서 참여의 자발성에 대한 신중한 해석을 요구한

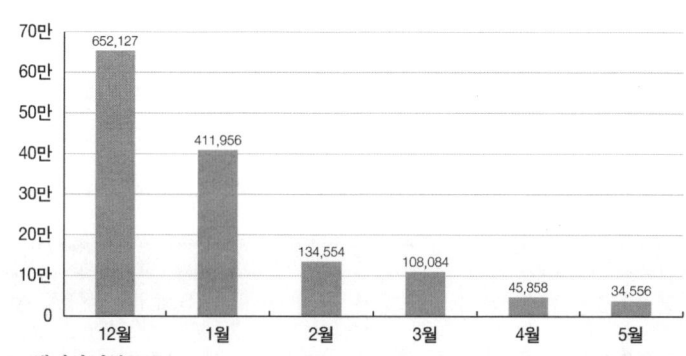

〈그림 2-5〉 자원봉사자 수의 변화(단위: 명)

자료: 행정안전부(2008).

다(윤순진, 2008). 그러나 다른 한편에서는 자원봉사활동이 기본적으로 조직적 맥락을 통한다는 점에서 순수 자원봉사자의 범위를 경직되게 적용할 필요가 없다는 주장도 있다(박재묵·이정림, 2009).

자원봉사자는 피해 주민의 입장에서 보면 기대하지 않았던 도움이다. 따라서 주민들은 자원봉사자를 고마운 마음으로 받아들였고 플래카드 등을 통해 적극적으로 감사하는 마음을 표현했다. 그리고 자원봉사자의 방제활동은 기름을 이른 시일 안에 제거하는 데 결정적인 공헌을 했다. 하지만 사고 초기 자원봉사자들이 '태안의 기적', '서해안의 기적', '세계 기록', '민족의 저력' 등으로 평가받고(박재묵·이정림, 2009) 언론의 집중조명을 받으면서 결과적으로 가해자인 삼성중공업이 국민의 시선을 피하게 되었다.

5) 종합

  국가기관의 대응은 정부와 국회의 재난복구지원과 법원의 판결로 크게 나뉜다. 국가는 특별재난지역 지정, 생계비 지급, 방제작업, 방제 인건비 지급, 공공근로, 사회적 일자리사업, 특별법 제정 등을 통해 재난복구를 추진했다. 특히 특별법 제정을 통해 재난복구지원의 법적 근거를 만들었을 뿐 아니라 국가가 사적 영역인 손해 배·보상의 영역에까지 체계적으로 개입했다. 여기에 2008년 6월 19일에는 정부채권의 보상을 일반 피해 주민보다 뒤로 미루는 정부채권후순위를 신청하여 지급한도액 전체가 피해 주민들에게 돌아갈 수 있도록 했다. 이러한 행정조치는 지역사회를 안정시키고 재난을 복구하는 데 긍정적으로 작용했다. 그럼에도 세 명의 주민이 자살한 이후에야 생계비를 지급하고, 행정권한이 없는 마을이장과 마을조직에 분배의 책임을 지움으로써 지방정부와 주민 그리고 주민 간 갈등을 폭발시켜 지역사회 내부에 불신을 일으켰다. 방제작업의 종료 시점과 참가 자격도 주민 의견을 배제한 채 결정했다. 특별법 또한 선배상과 한도초과보상금을 지급한다는 내용을 담고 있지만 IOPC기금에서 피해액을 산정한 이후에나 지급이 가능하기 때문에 배상이 장기화될 가능성이 크다. 그리고 IOPC기금은 증빙자료를 중심으로 배·보상한다는 원칙을 고수하고 있어 자료가 없거나 부족한 주민들의 배·보상금액이 기대에 크게 미치지 못할 것으로 보인다. 즉, 현재는 손해 배·보상이 지연되고 있을 뿐 아니라 배상 금액 자체가 불확실한 상황이다.

  법원 또한 시민단체와 피해 주민이 사고책임자로 지목한 삼성중공업의 책임제한 절차개시 신청을 받아들여 가해자의 책임을 최소화시켜주고 있다. 즉, 국가는 축적과 정당화의 기능 중에서 축적의 기능을 선택한 것이다. 이러한 법적 판결은 "이건희가 잘못했다는 말 한마디도 하지 않았다. 이것을 감싸고 있는 것이 정부다"라는 주민의 진술처럼 정부에 대한 신뢰 상실로 이어졌다. 국가는 삼성중공업에 어떠한 직접적인 책임도 묻지 않았다. 사고 이후 국가는 재난복구를 위해 폭넓은 활동을 전개했지만 관료적 판단을 함으로써 대응의 적시성과 적절성을 확보하지 못했다. 그리고 법적 제도를 통해서 가해자인 자본의 책임을 최소화시켜주었다. 즉, 재난의 피해자는 존재하는데 가해자는 법제도 뒤로 숨어버린 것이다. 결국 국가의 적절하지 못한 대응과 자본 측에 유리한 법원의 판결은 지속적인 경제적 위기, 사회적 혼란과 갈등 등을 유발하여 재난피해를 장기화시킬 가능성이 크다.

사고책임자인 삼성중공업은 법 제도를 통한 책임회피와 주민회유라는 이중 전략을 취하고 있다. 책임제한 절차개시 신청을 통해 배상금을 최소화하려는 전략을 취하는 한편, 서해안발전기금 출현 약속, 자매결연, 물품과 의료 지원, 직원 휴가 등을 통해 법적 책임과 별개로 도의적 책임을 다하겠다는 자세를 취하고 있다. 사고책임자인 기업과 재난피해자 간의 법률적 공방은 자연재난과 구별되는 기술재난만이 갖는 특징이다. 피해자는 법을 통해서 피해에 대해 정당하게 보상받기를 원하지만, 가해자인 기업은 전문가를 동원하여 자신들에게 유리한 방향으로 판결을 이끌어낸다. 삼성중공업이 법적 책임을 다하지 않는 상황 속에서 추진하고 있는 각종 지역활동은 오히려 공동체 내부에 새로운 갈등을 불러일으키고 있다. 특히 피해마을과의 자매결연은 지역사회 내부를 분열시켰다. 주민 갈등은 주민 사이에 편견, 험담, 유언비어, 불신 등을 확산시키고, 사고 이전 수준으로 공동체를 회복하는 것을 방해할 뿐 아니라 재난을 극복하기 위한 협력적 행동도 방해한다.

사고 초기 시민사회를 중심으로 한 치료 과정이 광범위하게 나타나면서 이른 시일 안에 기름을 제거하고 지역사회를 안정시키는 데 중요한 역할을 했다. 국가 또한 각종 복구정책을 추진했다. 하지만 국가기관과 기업의 대응, IOPC기금의 손해 배·보상 지연 등을 중심으로 한 부식 과정이 치료 과정을 압도해버렸다. 따라서 마을의 내부 요인에 따라 정도의 차이는 있을 수 있지만 경제적 위기, 사회적 혼란과 갈등, 사회관계의 균열, 신체적·심리적 건강의 악화 등과 같은 재난의 부정적 영향이 광범위하게 나타날 가능성을 충분히 예상해볼 수 있다.

·· 제3장

어촌마을의 사회경제구조

1. 조사마을의 개관

1) 도산도

　도산도는 신진도(新津島) 안흥(安興) 외항에서 서쪽으로 5km 떨어진 연안도서로 행정구역상 근흥면 도산도리에 속한다. 도산도리는 23개의 크고 작은 섬으로 이루어져 있다. 과거에는 도산도뿐 아니라 궁시도(弓矢島)와 흑도(黑島)에도 주민들이 거주했지만 1970년대 중반 안보를 이유로 정부에 의해 모두 퇴거된 후 무인도가 되었다. 따라서 현재 도산도리 섬 중에서 도산도가 유일한 유인도이다. 섬 전체 면적은 2.19km², 해안선의 길이는 10km이다. 섬 면적에서 임야가 차지하는

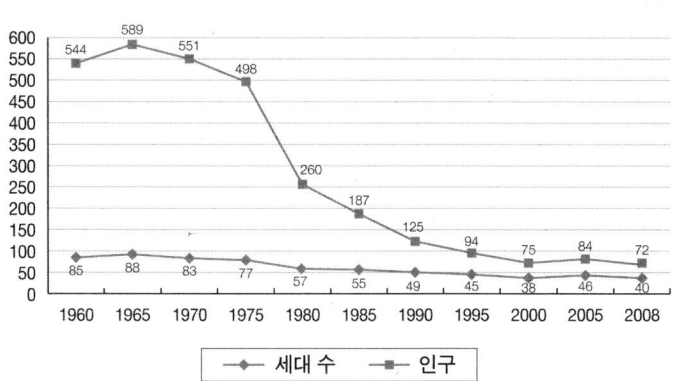

〈그림 3-1〉 도산도의 세대와 인구변화[1]

자료: 『근흥면지』와 태안군 『통계연보』 각 연도.

 비중이 높고 산자락을 따라 개간한 밭이 조금 있을 뿐 논은 전혀 없다. 해안은 암석으로 되어 있어 갯벌이 없다. 따라서 갯벌이 아닌 갯바위가 갯살림의 터전이다. 큰말과 작은말이라는 두 개의 자연마을이 있지만 섬의 규모가 작아 반조직은 없다. 인구 규모로 보면 마을이름과는 정반대로 작은말이 더 크다. 주민들의 진술에 따르면 마을규모와 관계없이 당제를 지내는 당집이 있는 곳이 큰말이라고 한다. 그러나 두 자연마을은 한 마을이라고 보아도 무방할 정도로 지리적 거리가 가깝고 주민교류도 빈번하다. 기록상 입도(入島)를 처음 확인할 수 있는 시점은 17세기이다. 그리고 기록을 통해 확인할 수는 없지만 제주(濟州) 고(高)씨와 나주(羅州) 주(朱)씨도 이와 비슷한 시기에 섬에 들어온 것으로 전해진다(한상복·전경수, 1992). 현재는 나주 주씨가 가장 많이 살고 있다.

---

1) 1971~1977년 사이의 세대 수가 기록되어 있지 않아 1975년의 세대 수를

〈표 3-1〉 2008년 도산도의 성과 연령별 인구현황(단위: 명)

구분	남	여	합계(%)
0~9	1	1	2(2.8)
10~19	-	-	-
20~29	2	-	2(2.8)
30~39	5	3	8(11.1)
40~49	3	1	4(5.5)
50~59	4	7	11(15.3)
60~69	7	14	21(29.2)
70세 이상	12	12	24(33.3)
총계	34	38	72(100.0)

자료: 근흥면 내부자료(2008).

인구는 1970년대를 전후로 감소하기 시작하여 1970년대 중반부터 1980년대 전반 사이에 급감했다(<그림 3-1> 참조). 1990년대 중반에 들어서면서 다소 안정세를 보이고 있는데, 이러한 이유는 인구유출요인의 해소에 따른 것이 아니라 유출 가능한 노동력의 소진에 따른 것으로 보인다(<표 3-1> 참조). 1960년대 6.4명이던 평균세대원도 2008년 1.8명으로 줄어들었다. 그러나 이것도 주민등록상 기록일 뿐 실제 거주는 35세대, 52명으로 평균세대원이 1.4명에 불과하다.

그뿐만 아니라 <표 3-1>에서 확인할 수 있듯이, 60세 이상 인구가 전체의 62.5%를 차지하고 있을 정도로 주민들의 노령화 수준이 높다. 따라서 앞으로 마을 외부에서 인구유입이 없을 경우 마을을 유지하는

확인할 수 없었다. 따라서 1970년 83세대, 1978년 72세대를 기준으로 그 중간 값을 설정하여 그래프를 완성했다.

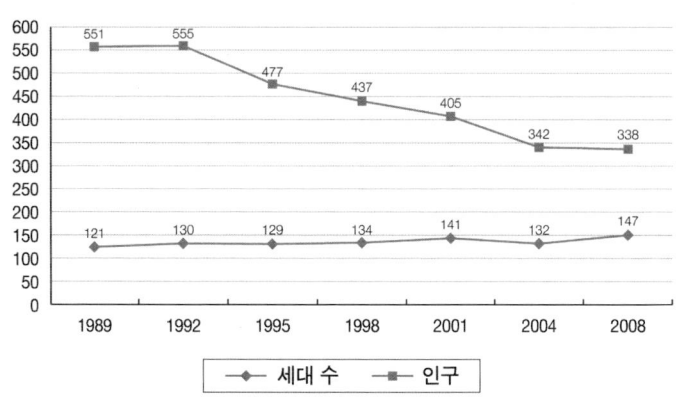

〈그림 3-2〉 하전2리의 세대와 인구변화

자료: 태안군 『통계연보』 각 연도.

것 자체가 불가능하다. 1999년 도산도 내의 유일한 교육기관인 초등학교 분교가 폐교되면서 향후 젊은 층의 인구유입이 더욱 요원한 상황이다.

2) 하전2리

하전2리는 태안반도 서북쪽 끝단에 있으며 행정구역상 소원면에 속한다. 삼면이 바다로 둘러싸인 반도지형이지만 서쪽과 동쪽 해안이 뚜렷한 지형적 차이를 보인다. 서해와 직접 맞닿아 있는 서쪽은 암석절벽과 모래해변이 발달했지만 동쪽 해안은 정반대로 넓은 갯벌이 분포하고 있다(충남대학교 마을연구단, 2006: 18). 이러한 자연적 조건으로 인해 하전2리는 일찍부터 갯벌을 메워 간척농지를 조성했고, 굴 양식업도 발달했다. 하전2리는 건넌말(1반), 큰말(2반), 재너머(3반), 말막금(4반) 등 네 개의 자연마을로 이루어져 있으며, 자연마을은 네 개의 반조직

〈표 3-2〉 2008년 하전2리의 성과 연령별 인구현황(단위: 명)

구분	남	여	합계(%)
0~9	9	6	15(4.3)
10~19	12	12	24(7.1)
20~29	25	8	33(9.8)
30~39	19	8	27(8.0)
40~49	26	23	49(14.5)
50~59	23	33	56(16.6)
60~69	32	39	71(21.0)
70세 이상	25	36	62(18.7)
총계	172	166	338(100.0)

자료: 소원면 내부자료(2008).

과도 일치한다. 현재 마을의 주요 성씨인 김해(金海) 김(金)씨와 전주(全州) 이(李)씨는 17세기 후반, 남평(南平) 문(文)씨는 19세기 중엽에 입향(入鄕)한 것으로 보인다(충남대학교 마을연구단, 2006: 40). 성별에 따른 세대 규모를 보면 김해 김씨(41세대), 전주 이씨(21세대), 남평 윤씨(12세대) 순이며(소원면지 편찬위원회, 2002: 195), 김해 김씨는 건넌말에, 전주 이씨는 주로 큰말에 모여살고 있다.

1989년 이전의 자료를 확인할 수 없어서 인구변화의 장기적 추이를 그려보기 힘들지만 인구는 지속적으로 감소했고 세대는 소폭이지만 증가해왔다(<그림 3-2> 참조). 세대의 증가는 해조류와 조개류 양식어업을 중심으로 하는 어촌마을에서 입어단위인 가구(호)가 상대적으로 완만하게 감소한다는 특징이 반영된 측면도 있지만(김준, 2004: 29), 서해안고속도로 개통 이후 외지인의 토지 매입이 증가한 것도 영향을 미쳤다. 특히 건넌말의 경우 눈으로 확인 가능한 별장용 주거지만도

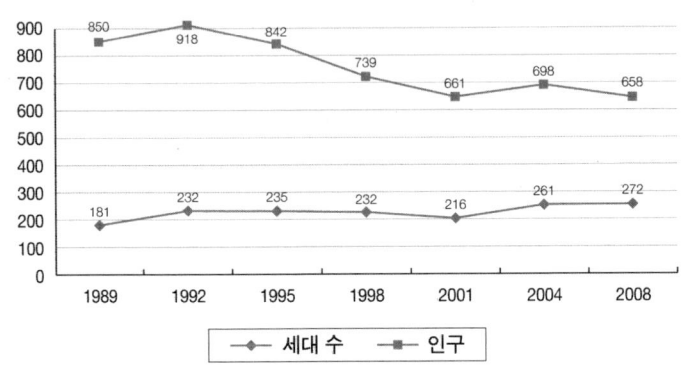

〈그림 3-3〉 월산1리의 세대와 인구변화

자료: 태안군 『통계연보』 각 연도.

12가구에 이른다. 인구감소와 세대증가로 인해 1989년 4.55명이던 평균세대원이 2008년 2.29명으로 50% 정도 줄어들었다.

연령에 따른 주민구성을 보면 전체 주민에서 60대 이상이 39.7%로 높은 비중을 차지한다. 하지만, 도산도와 다르게 활동적인 30~50대 인구 비중도 39.1%로 높게 나타나고 있어 인구유출을 억제하는 요소가 있음을 간접적으로 확인할 수 있다(<표 3-2> 참조).

3) 월산1리

월산1리는 태안반도 서쪽 끝에 있으며 행정구역상 소원면에 속한다. 서쪽 해안은 암석해안이 발달했지만 동쪽은 넓은 갯벌이 분포했었다. 하지만 지금은 동쪽 갯벌이 간척사업으로 전부 매립되어 남아 있지 않다. 따라서 하전2리처럼 굴 양식업을 할 수 있는 환경적 조건을

<표 3-3> 2008년 월산1리의 성과 연령별 인구 현황(단위: 명)

구분	남	여	합계(%)
0~9	14	12	26(3.9)
10~19	20	20	40(6.3)
20~29	49	30	79(12.5)
30~39	40	24	64(10.1)
40~49	51	42	93(14.7)
50~59	57	74	131(20.7)
60~69	57	50	107(16.9)
70세 이상	37	57	94(14.9)
총계	325	309	634(100.0)

자료: 소원면 내부자료(2008년 기준).

갖추고 있지 못하다. 그러나 마을항구에 대규모 방파제가 완공되면서 태안의 주요한 어선어업기지로 자리 잡았다. 항구 규모는 신진도의 안흥항보다 작지만 태풍에 강한 안전한 항구로 뽑힌다. 그리고 인근에 유명한 ○○포 해수욕장이 있어 관광업이 성장할 수 있는 유리한 조건을 갖추고 있다. 월산1리는 가락골(1반), 깊은골(2반), 하천말(3반), 윗말(4반), 고랑말(5반), 밭고개(6반) 등 여섯 개의 자연마을로 이루어져 있으며 반조직과도 일치한다. 현재도 17세기 무렵 입향한 온양(溫陽) 정(鄭)씨(33세대), 담양(潭陽) 국(鞠)씨(24세대), 여산(礪山) 송(宋)씨(16세대) 등을 중심으로 마을을 형성하고 있다(소원면지 편찬위원회, 2002: 200).

인구 규모 면에서 보면 월산1리는 소원면 내 행정리 단위에서 가장 큰 마을이다. 지난 시기 인구가 감소한 것은 앞의 두 마을과 같지만, 세대는 앞의 두 마을에 비교하여 큰 폭으로 증가해왔다(<그림 3-3> 참조). 이는 어선어업과 관광업이 성장하면서 가족단위의 전출을 억제한 측면도 있지만, 이들 업종에 종사하기 위하여 외지인이 상당수 이주해왔다는 마을지도자들의 진술과도 일치한다. 연령별 인구구성을 보면 30~50대 비율이 전체의 45.5%를 차지하고 있어 앞의 진술을 뒷받침해준다(<표 3-3> 참조). 월산1리는 세 마을 중에서 가장 젊은 마을이다.

2. 마을의 경제구조

1) 경제활동 구조

한국의 어촌마을은 자연환경, 노동력, 자본력에 따라 차이가 있지만 일반적으로 농업과 어업이 공존하는 경제구조가 나타난다. 여기에 국민소득 증가와 교통의 발달로 관광업 또한 빠르게 성장하고 있다. 이러한 현실을 고려할 때 우리나라 어촌마을의 경제구조는 복수의 경제활동을 통해 분석해야 한다. 이 글에서도 주민들에게 자신들의 가구에서 가장 중요하게 생각하는 경제활동 두 개를 우선 순서대로 고르도록 했다(<표 3-4> 참조). 무직이라는 응답이 단 두 가구에 불과할 정도로 사고 이전에는 세 마을 모두 경제활동이 활발했던 어촌마을이었다.

세 마을 주민들이 선택한 주요한 경제활동은 농업, 어업, 관광업이다. 다른 어촌마을에 비해 관광업의 비중이 높게 나타났는데, 이는 충청남도의 대표 관광지인 태안군의 지역적 특징이 반영된 것으로 보인다. 1순위 선택을 기준으로 하여 마을별로 경제활동구조를 살펴보면 세 마을 모두 어업이 가장 높은 비중을 차지했다. 특히 도산도(85.7%)와

〈표 3-4〉 마을별 경제활동의 구조(단위: 가구, %)

구분	도산도			하전2리			월산1리		
	1순위	2순위	1+2순위	1순위	2순위	1+2순위	1순위	2순위	1+2순위
어업	12(85.7)	5(38.5)	17(62.9)	54(90.0)	31(60.8)	85(76.5)	44(49.4)	22(39.1)	66(46.4)
어선어업	4(28.6)	-	4(14.8)	8(13.3)	17(33.4)	25(22.5)	21(23.6)	-	21(14.8)
양식어업	-	-	-	43(71.7)	7(13.7)	50(45.0)	2(2.2)	-	2(1.4)
맨손어업	8(57.1)	5(38.5)	13(48.1)	3(5.0)	7(13.7)	10(9.0)	16(18.0)	19(35.8)	35(24.6)
해녀	-	-	-	-	-	-	5(5.6)	3(5.7)	8(5.6)
농업	1[3](7.1)	7(53.8)	8(29.6)	-	11(21.6)	11(9.9)	12(13.3)	9(17.0)	21(14.8)
관광	1(7.1)	1(7.1)	2(7.4)	4(6.7)	6(11.8)	10(9.0)	14(15.1)	6(6.6)	20(14.8)
식당	-	-	-	2(3.3)	1(2.0)	3(2.7)	13(14.4)	-	13(9.2)
숙박	1(7.1)	1(7.1)	2(7.4)	1(1.7)	5(9.8)	6(5.4)	1(1.1)	3(3.3)	4(2.8)
슈퍼	-	-	-	1(1.7)	-	1(0.9)	-	3(3.3)	3(2.8)
일용노동	-	-	-	1(1.7)	3(5.9)	4(3.6)	14(15.6)	13(24.5)	27(19.0)
회사원	-	-	-	-	-	-	-	2(2.1)	2(2.1)
기타상업	-	-	-	-	-	-	5(5.6)	1(1.1)	6(4.2)
무직	-	-	-	1(1.7)	-	1(0.9)	-	-	-
합계	14(100.0)	13(100.0)	27(100.0)	60(100.0)	51(100.0)	112(100.0)	89(100.0)	53(100.0)	142(100.0)

하전2리(90.0%)의 경우 어업 비중이 절대적이다. 하지만 월산1리는 어업 이외의 비중(50.9%)도 높게 나타났다. 세 마을 모두 어업을 핵심적인 경제 기반으로 한다는 점에서는 같지만 마을별로 주요한 어업의

유형은 확연하게 구별되었다. 도산도는 채취(맨손)어업 비중(57.1%)이 가장 높고 양식어업을 하지 않지만, 하전2리는 굴 양식마을이라고 부를 수 있을 정도로 굴 양식업 비중(71.7%)이 절대적이었다. 그리고 월산1리는 어선어업(23.6%), 채취어업(18.0%) 순으로 나타났으며, 도산도와 마찬가지로 마을 안에서 양식어업을 하지 않는다.2) 하지만 월산1리는 다른 두 마을과 다르게 농업을 주업으로 하는 가구(18.8%)가 존재한다. 그리고 가족 이외의 외부 노동력을 필요로 하는 어선어업과 관광업이 발달한 관계로, 앞의 두 마을과는 다르게 일용직 일자리(15.6%)가 풍부한 편이다. 이상의 내용을 종합해볼 때 도산도는 채취어업을 중심으로 농업과 관광업, 하전2리는 양식어업을 중심으로 농업과 관광업, 월산1리는 어선어업을 중심으로 농업, 관광업, 일용노동이 결합된 형태의 경제구조가 나타난다. 즉, 월산1리, 하전2리, 도산도 순으로 경제활동의 분화 정도가 높다고 할 수 있다. 이러한 사실은 1순위와 2순위 응답을 묶어보아도 크게 변화하지 않는다.

그러나 위의 분석이 주민 간의 직업적 동질성 혹은 이질성에 대한 충분한 정보를 제공하지는 못한다. 물론 경제활동의 분화 정도가 높은 마을이 주민 간의 직업적 이질성이 높을 것으로 예상할 수 있다. 하지만 어촌주민이 복수의 경제활동에 종사하는 경우가 많다는 점을 고려한다

---

2) 월산1리에서 양식어업을 한다고 응답한 두 명의 주민들은 개인면허를 내고 마을 외 지역에서 양식업을 하는 경우로, 하전2리처럼 마을어장에서 하는 양식어업은 아니다.
3) 농업이라고 응답한 주민은 처음부터 농업을 주업으로 한 것이 아니라 고령으로 인해 몸이 불편하여 바다에 나갈 수 없기 때문에 농업에만 종사하고 있었다.

<표 3-5> 마을별 겸업구조(단위: 가구)

구분			1순위 선택						
			어업				농업	관광	일용노동
			어선	양식	맨손	해녀			
2순위선택	도산도 (13)	농업	1	-	6	-	-	-	-
		채취	3	-	-	-	1	1	-
		관광	-	-	1	-	-	-	-
	하전 2리 (51)	농업	-	10	1	-	-	-	-
		어선	-	17	-	-	-	-	-
		양식	5	-	-	-	-	1	-
		어선	-	-	-	-	-	-	-
		채취	-	6	-	-	-	-	-
		관광	1	4	-	-	-	1	-
		일용	1	1	1	-	-	-	-
	월산 1리 (53)	농업	-	1	3	1	-	-	4
		채취	3	-	-	-	8	1	7
		해녀	3	-	-	-	-	-	-
		일용노동	-	-	7	3	2	1	-
		관광	1	-	-	-	1	1	-
		회사	-	-	1	-	-	-	-

면 경제활동의 분화 정도는 직업적 이질성과 다른 문제이다. 예를 들면, 한 마을에서 어업과 농업이 공존하더라도 어업과 농업에 종사하는 주민이 서로 분리되어 있을 수도 있고, 반대로 어업과 농업이 한 가구 안에 통합되어 있을 수도 있다. 만일 분리되어 있다면 직업적 이질성이 높다고 할 수 있지만 반대로 통합되어 있다면 경제활동의 분화 정도와는 무관하게 직업적 동질성이 높다고 할 수 있다. 따라서 가구별 겸업구조를 통해서 주민 간의 직업적 이질성 혹은 동질성 여부를 살펴볼

필요가 있다(<표 3-5> 참조).

　도산도 주민의 겸업비율은 92.9%로 채취어업과 농업(6가구), 채취어업과 어선어업(3가구)의 겸업형태가 전체 겸업비율의 69.2%를 차지한다. 이를 통해 채취어업을 중심으로 주민 간의 직업적 동질성이 매우 높다는 사실을 확인할 수 있다. 하전2리 주민의 겸업비율은 85.0%로 양식어업과 농업(10가구), 양식어업과 어선어업(22가구) 겸업형태가 전체의 62.7%를 차지하고 있어 양식어업을 중심으로 주민 간의 직업적 동실성이 높게 나타났다. 하전2리에서 이러한 겸업형태가 가능한 이유는 주요 양식 품목인 굴 수확 철이 농업과 어선어업 휴지기인 겨울철에 집중되어 있어 노동력의 효율적인 배분이 가능하기 때문이다. 그리고 양식어업에서 사용하는 톤수가 적은 선외기(일명 뗏마)를 이용하여 마을 인근 바다에서 조업하는 비중이 높아 어선어업과 양식어업의 겸업이 가능하다. 도산도와 하전2리 주민 중에 어업이나 농업 어느 한쪽에만 종사하는 경우는 매우 드물다.

　그러나 월산1리 주민의 겸업구조는 도산도와 하전2리 주민과 전혀 다른 형태를 보인다. 겸업비율도 60%로 앞의 두 마을보다 낮고 1순위 경제활동에서 어선어업을 선택한 21가구 중에 7가구(33.3%), 관광업을 선택한 14가구 중에 3가구(21.4%)만이 2순위 경제활동을 선택했다. 이는 그만큼 이들 분야에 종사하는 주민들의 직업적 전문화 수준이 높다는 것이다. 월산1리의 어선 톤수와 관광업소의 규모는 앞의 두 마을보다 크다. 일정 규모의 어선과 관광업소를 운영할 경우 투여되는 자본, 노동시간, 노동 강도 등을 고려해보면 현실적으로 다른 경제활동과의 겸업이 불가능하다. 월산1리는 주민의 진술처럼 "농사짓는 사람들하고 배하는 사람들하고 반반 잘라져" 있다고 할 수 있다. 즉, 월산1리는 어선어업, 관광업 그리고 나머지 경제활동에 종사하는 주민 사이에 직업적 이질성이 높아 직업집단 간의 경계가 명확한 편이다.

그러나 어선어업과 관광업 분야를 제외한 나머지 경제활동 간에는 뚜렷한 겸업관계가 나타난다. 농업과 채취어업(11가구), 채취어업과 일용노동(14가구), 농업과 일용노동(4가구)형태의 결합비율이 높다. 따라서 어선과 관광업소를 운영하는 주민과 나머지 경제활동에 종사하는 주민 사이에는 직업적 경계가 명확하지만, 나머지 주민 또한 채취어업, 어선어업과 관광업에서 파생된 일용노동을 통하여 바다환경과 직간접적으로 연결되어 있다. 따라서 앞의 두 마을보다는 덜하지만 "농민들은 농사를 짓기 때문에 바다와 관련이 없다"고 단순하게 말할 수 없다.

2) 경제활동별 구조

(1) 농업

도산도는 임야 비중이 높고 경사가 급한 지형적 조건을 가졌기 때문에 농지가 부족하고 용수를 담수할 만한 공간도 없어 논농사는 전혀 안 되고 밭농사만 짓는다. 과거에는 보리, 마늘, 고구마, 유채, 약초 등을 재배하여 보리는 자체 소비하고 일부 작물을 판매했으나(한상복·전경수, 1992: 135), 현재는 판매를 위해 오직 육쪽마늘만 재배한다. 따라서 도산도는 식량을 자급하는 일반적인 농어촌마을과 다르게 식량을 전부 외부에 의존하고 있다. 밭농사 또한 경지가 협소하여 규모 있는 경작 수준이 못 된다. 따라서 주민의 진술처럼 도산도는 "육지에

<표 3-6> 마을별 실 경작 규모(단위: 가구, %)

구분	마을			
	도산도	하전2리	월산1리	
			전체	농가
500평 미만	4(50.0)	5(11.9)	6(20.7)	1(8.3)
500~1000평 미만	4(50.0)	8(19.0)	9(31.0)	3(24.9)
1000~1500평 미만	-	10(23.8)	4(13.8)	-
1500~2000평 미만	-	4(9.5)	-	-
2000~2500평 미만	-	9(21.4)	3(10.3)	2(16.7)
2500~3000평 미만	-	1(2.4)	-	-
3000~3500평 미만	-	2(4.8)	2(6.9)	2(16.7)
3500~4000평 미만	-	1(2.4)	-	-
4000평 이상	-	2(4.8)	5(17.3)	3(24.9)
합계	8(100.0)	42(100.0)	29(100.0)	12(100.0)
평균	425	1500.00	3051.07	5885.00
표준편차	183.225	1000.671	5578.755	7896.522

서 나오는 것이 없다"고 볼 수 있다. 하지만 도산도 육쪽마늘은 품질이 우수하여 서산과 태안 등지에 종자용으로 판매되고 있어 다른 지역에서 생산되는 육쪽마늘에 비하면 가격이 높은 편이다. 현재 31세대가 총 1.5헥타르(4,537.5평)의 농지에서 마늘농사를 짓고 있는데, 마을이장의 진술로는 300평 정도를 경작하면 연 300~400만 원 정도의 수입을 얻을 수 있다고 한다. 경작 규모는 가구별로 다소 차이가 있지만 보통 200~300평이 가장 많고 커도 500~600평을 넘지 않는다.

하전2리 또한 갯벌을 매립한 간척농지가 협소하여 영세한 수준을 벗어나지 못하고 있다(<표 3-6> 참조). 2,500평(0.83헥타르) 미만을 경작하는 가구가 전체의 85.6%이며 평균경작 규모도 1,875.19평(0.62헥타르) 수준이다. 마을 내에 하우스 시설이나 특수작물을 재배하는 농가도 없으며 쌀농사를 중심으로 하고 약간의 밭작물을 재배하고 있다. 경작 규모, 재배시설, 재배작물 등을 고려해볼 때 하전2리의 농업은 판매를 위한 상업적 목적보다 식량 생산을 위한 자급적 목적이 더 강하다. 주민의 진술처럼 하전2리에서 "농사는 별 게 없"는 것이다.

월산1리는 1970년대 후반 동쪽 갯벌을 매립하여 간척지를 조성한 이후에야 논농사 비중이 높아졌고, 이전에는 밭농사 중심이었다. '밭고개'라는 지명이 있을 정도로 주변 마을보다 밭이 많았지만 현재는 새로운 주택과 건물이 들어서면서 많이 줄어들었다. 월산1리 또한 쌀농사를 중심으로 한다는 점에서 하전2리와 동일하다. 그러나 농업을 주업으로 하는 가구가 있다는 점에서 확연하게 구별된다. 그리고 평균 경작 면적이 3,051.07평(1.0헥타르)으로 하전2리보다 더 크다. 하지만 이는 2만 평(6.61헥타르) 이상을 경작하는 대농들이 있어 평균값이 올라간 것이다. 이는 경작 규모에서 양극화현상이 뚜렷하게 나타나고 있다는 사실을 보여준다. 1순위 경제활동으로 농업을 선택한 대다수 가구는 영세농가로 농업소득에만 의존해서는 가구 경제를 유지해나갈 수 있는 형편이 아니다.

(2) 어업

① 도산도

도산도 주민의 주요 경제활동인 어업은 채취어업과 어선어업으로 나뉜다. 이 중 채취어업의 비중이 절대적으로 높다. 어선어업은 해양자원의 이용 가능성을 증대시켜주지만 양질의 노동력과 높은 자본투자가 필요하기 때문에 고령의 도산도 주민들이 선호하는 경제활동은 아니다. 그리고 갯바위에 서식하는 풍성한 자연자원으로 인해 채취어업을 통해서도 필요한 소득을 올릴 수 있기 때문에 상대적으로 어선어업에 대한 참여가 적은 편이다. 주민들은 갯바위에 자생하는 홍합, 돌미역, 돌다시마, 톳, 굴, 세모 등 자연산 해조류와 조개류를 채취한다. 특히 홍합과 미역은 도산도의 주요 특산물이다. 이 외에도 도산도 어촌계에서 공동으로 경영하는 전복과 해삼 어장이 있다. 전복과 해삼 사업은 어촌계의 가장 중요한 수익사업으로 신진도의 해녀와 공동사업형태로 진행된다. 어장 수익금은 어촌계와 마을운영에 필요한 경비를 제외하고 어촌계원들끼리 균등하게 분배한다. 도산도에 실제 거주하고 있는 주민 모두가 어촌계원인 관계로 전복과 해삼 수익은 고령으로 경제활동이 축소된 주민들에게 일정한 수준의 경제적 안전망을 제공해준다.

도산도의 인구 규모에 비하면 어선 수도 적은 편이 아니다<표 3-7> 참조). 그러나 '뗏마'라 불리는 1톤 미만의 소형 어선이 전체의 52.2%를 차지한다. 이 배들은 주로 채취어업 시 채취선으로 이용하거나 섬 인근 바다에서 우럭, 광어 등의 고기잡이에 사용한다. 그리고 섬에 선착장 시설이 미비한 관계로 3톤 이상의 배들은 신진도항을 이용한다. 따라서 규모가 좀 큰 어선어업을 하는 주민들은 육지에 거주할 경우 지급하지 않아도 될 숙박비 및 식사비 등의 추가 비용이 발생한다. 그리고 12월 초가 되면 날씨가 추워 배에서 잠을 잘 수가 없기 때문에 일찍 조업을 중단하고 채취어업에 참여한다. 따라서 채취어업을 하지 않거나 소극적인 육지의 어선어업자들과 다르게 도산도의 어선어업자들은 채취어업에도 적극적이다.

〈표 3-7〉 도산도 어선 규모(단위: 척, %)

구분	1톤 미만	3~5톤 미만	5~7톤 미만	7톤 이상	합계
어선	12	4	4	3	23
비율	52.2	17.4	17.4	13.0	100.0

자료: 3톤 이상은 해양경찰청 신진도리 출장소(2008년 11월), 1톤 미만은 현지조사(2008년 11월).

② 하전2리

하전2리 주민의 어업활동은 어선어업과 양식어업으로 구분된다. "주민의 90%가 굴 양식을 한다"는 마을이장과 어촌계장의 진술처럼 굴 양식업은 마을경제의 핵심이다. 가구별 양식 규모를 보면 많게는 500칸(3가구), 적게는 50칸 미만(10가구)이며, 대다수 가구는 100~200칸 정도를 경작한다. 양식어업은 채취어업과 달리 어느 정도의 자본과 노동력이 필요하기 때문에 개별 가구가 동원할 수 있는 자원의 능력에 따라 양식 규모의 계층화현상이 나타난다. 하지만 하전2리에서는 가구별 양식 규모 차이가 크게 나타나지 않았다. 이는 가족노동력으로 관리할 수 있는 범위 안에서 양식하고 있기 때문이다. 다만 어선어업을 하는 가구는 여분의 노동력이 부족한 관계로 비교적 적게 양식하는 경향을 보인다(충남대학교 마을연구단, 2006: 65). 도산도와 마찬가지로 하전2리 어촌계의 가장 중요한 수익 사업은 해삼과 전복 어장이다. 해녀와 공동사업형태로 진행하며 판매수익금은 어촌계의 운영경비를 제외하고 계원들에게 균등하게 분배한다. 어선어업은 값비싼 어선과 어구를 구입해야 하고 외부 노동력을 고용해야 하지만, 굴 양식은 상대적으로 적은 자원으로 안정적인 소득을 올릴 수 있기 때문에 하전2리

〈표 3-8〉 하전2리 어선 규모(단위: 척, %)

구분	1톤 미만	1~3톤 미만	3~5톤 미만	5~7톤 미만	7톤 이상	합계
어선	23	5	4	2	1	35
비율	65.7	14.3	11.4	5.7	2.9	100.0

자료: 2009년 2월 설문조사.

주민들은 어선어업 확대에 소극적인 편이다. 하전2리의 어선 규모가 이를 증명해준다(<표 3-8> 참조).4) 하전2리 또한 도산도와 마찬가지로 1톤 미만의 소형 선박이 주를 이룬다. 이들 선박은 주로 양식어업이나 마을 연안바다의 고기잡이에 이용된다.

③ 월산1리

월산1리 주민의 어업활동은 어선어업과 채취어업으로 구분된다. 월산1리 어선어업은 앞의 두 마을의 어선어업에 비하면 진입장벽이 높은 편이다. 마을에서 가까운 바다가 서해와 직접 맞닿아 있어 바람의 영향을 많이 받기 때문에 작은 배로는 고기잡이를 할 수 없다. 즉, 규모가 큰 어선을 구입하고 운영할 수 있는 자본력을 갖춘 경우에만 어선어업을 할 수 있는 것이다. 이는 어선 규모에 있어서도 확연하게 드러난다 (<표 3-9> 참조).5) 앞의 두 마을에서 가장 높은 비중을 차지했던 1톤

---

4) 설문지를 통하여 필자가 조사한 하전2리의 어선 톤수 별 비율과 해양경찰서 하전출장소의 2004년 공식기록이 서로 일치했다. 하전출장소의 기록에 따르면 총 62척 중 2톤 미만이 41척(66.1%), 3~5톤 미만이 13척(21.0%), 5~7톤 미만이 (8.1%), 7톤 이상이 3척(4.8%)이었다(충남대학교 마을연구단, 2006: 54). 1톤

〈표 3-9〉 월산항 어선 규모(단위: 척, %)

규모	1톤 미만	1톤~3톤 미만	3~5톤 미만	5톤 이상	합계
어선	-	7	9	50	66
비율	-	10.6	13.6	75.8	100.0

자료: 태안군 내부자료(2008. 12월 기준).

미만의 어선은 단 한 척도 없을뿐더러 5톤 이상의 어선이 전체의 75.8%를 차지할 정도로 규모가 큰 편이다.

  5톤급 어선을 운영하기 위해서는 상당한 수준의 자본투자가 필요하다. 이러한 이유는 어선어업이 장비와 기술에 대한 의존도가 높기 때문이다. 끊임없이 이동하는 어류를 포획하기 위해서는 첨단장비를 갖춘 배, 충분한 어구와 고급 선원을 필요로 한다. 월산1리에서 5톤급 꽃게잡이 배를 운영하는 한 선주의 진술에 따르면 선원 인건비를 제외하고도 한 철 조업을 위해서는 1,500만 원이 들어간다고 한다. 꽃게 조업이 봄(4월~6월)과 가을(9월~12월)의 두 철에 진행된다고 볼 때, 조업 준비금만 연 3,000만 원이 들어가는 것이다. 어선어업은 다른 어업활동과 비교하면 자본집약적인 경제활동이다. 어선어업은 노동과 자본투자가 높은 만큼 마을경제에 미치는 파급효과 또한 크다. 조업과 어구 손질, 물품과 어획물의 상·하역작업 과정에서 고용노동력이 필요하기 때문에 마을주민들에게 풍부한 일용직 일자리를 제공한다. 따라서 직접

---

5) 이 또한 설문지를 통해서 필자가 조사한 어선 톤수별 비율과 일치했다. 1톤 미만의 어선은 단 한 척도 없었으며, 1~3톤 미만이 3척(15.8%), 3~5톤 미만이 2척(10.5%), 5~7톤 미만이 9척(47.4%), 7톤 이상이 5척(26.3%) 있었다.

어선을 운영하지 않더라도 간접적인 경로를 통해 바다와 연관된 경제활동에 종사하는 주민들이 앞의 두 마을에 비하면 많다고 할 수 있다.

채취어업은 간척사업을 통해 갯벌이 사라진 관계로 마을 주변 갯바위를 중심으로 이루어지며 주로 홍합, 굴, 세모 등 해조류와 조개류를 채취한다. 판매 목적이 아닌 가족들 반찬거리용으로 채취하는 경우도 있으며 농업과 일용노동에 종사하는 주민 중에는 부족한 현금소득을 올리기 위하여 채취어업을 하는 경우도 많다. 영세한 농지 규모와 농업의 수익성 악화, 일용노동의 불안정성으로 인해 일부 주민들에게 채취어업은 중요한 현금소득원이다. 도산도와 비교하면 마을경제에서 채취어업이 차지하는 비중이 낮은 편이지만 농민과 일용노동자들의 입장에서 보면 중요한 경제활동인 것이다. 그리고 마을어촌계에서 해삼과 전복 어장을 운영하고는 있지만 어장 규모가 작아 어촌계원들에게 따로 분배할 만한 수익을 올리지 못하고 있다.

(3) 관광업[6]

도산도는 태안군 앞바다에 있는 유일한 유인도라는 희소성이 있는데다가 바다 낚시터로 널리 이름이 알려져 있어서 겨울철을 제외하고 관광객의 방문이 꾸준한 편이다. 주민들은 섬을 찾아온 관광객을 상대

---

[6] 마을별 관광업의 차이는 외지인들을 대상으로 하는 숙박시설과 식당들의 전문화 수준으로 파악했다. 여기서 전문화란 계절에 관계없이 손님을 받을 수 있는 설비를 갖추고 영업하는 것을 의미한다. 전문화 수준이 높다는 것은 그만큼 자본투자가 높고 규모가 큰 것으로 해석할 수 있다.

〈표 3-10〉 관광업(숙박업과 음식점업)의 전문화 정도(단위: 가구, %)

구분	마을	
	하전2리	월산1리
비전문화	8(53.3)	2(12.5)
전문화	7(46.7)	14(87.5)
합계	15(100.0)	16(100.0)

로 자신들이 잡은 해산물을 판매하거나 낚싯배와 민박을 운영하여 소득을 올린다. 민박은 농가주택을 개량한 수준으로, 전체 35가구 중 15~17가구가 민박을 운영하지만 두 가구를 제외하면 민박 규모가 극히 작고 음식점도 없다.

하전2리는 서해안고속도로의 개통으로 접근성이 크게 향상되면서 관광업이 빠르게 성장했다. 마을의 대표 관광자원인 ○○포 해수욕장과 ○○해수욕장의 경우 2007년을 기준으로 18만 4,090명의 관광객이 방문했다. 관광객의 증가는 자연스럽게 숙박시설 및 식당의 증가와 규모 확대로 이어졌다. 소원면 전화번호부를 보면 마을 내 민박과 펜션을 포함한 숙박시설이 9개소, 식당이 7개소가 등록되어 있다(2007년 기준). 하전2리는 전문화된 시설을 갖추고 계절에 관계없이 손님을 받을 수 있는 업소와 여름철에만 일시적으로 운영하는 업소의 수가 비슷한 수준이다. 그런데 전문화된 시설을 갖추고 있다 하더라도 해수욕장을 중심으로 한 여름철 관광지라는 특성 때문에 한시적으로 운영하는 것이 일반적이다. 도산도보다는 전문화 수준이 높지만 여름철에만 하는 부업의 성격이 강하다.

월산1리는 태안군 대표 관광지인 ○○포 해수욕장을 인근에 두고 있으며 육상교통이 좋아 일찍부터 관광 관련 서비스업이 발달했다. 계절적인 편차는 있지만 상대적으로 태안군의 다른 연안마을과 비교하면 연중 관광객의 방문이 꾸준한 편이다. 이는 월산1리의 관광업이 여름철 해수욕장보다 신선한 해산물 먹을거리를 바탕으로 하고 있기 때문이다. 월산항을 따라 횟집이 줄을 지어 늘어서 있으며, ○○포 해수욕장으로 넘어가는 고개 주변에는 대형 숙박시설들이 자리 잡고 있다. 앞의 두 마을과 다르게 항구를 따라 상업지구가 형성되어 있는 것이다. 마을 내에서 가장 큰 숙박시설의 경우 방 개수만도 44개에 이른다. 전화번호부에 등록된 업체 수만 해도 숙박시설이 28개소, 식당이 12개소이다(2007년 기준). 여름철에만 한시적으로 운영하는 도산도, 하전2리와 다르게 연중 운영하며 규모도 더 크다. 따라서 호텔 청소나 식당 보조 등과 같은 일용직 일자리가 상대적으로 풍부한 편이다. 즉, 월산1리의 관광업은 여름철에만 반짝하는 부업 성격이 아니라 전문화된 경제활동으로 어선어업처럼 마을주민에게 일자리를 제공하는 경제적 효과를 발생시킨다.

3) 소득 구조

1순위 경제활동에 따른 연소득 수준을 보면 소득 수준이 가장 높은 경제활동은 어선어업과 관광업이다(<표 3-11> 참조). 4,000만 원 이상은 어선어업(43.8%)과 관광업(38.9%)에서 높게 나타난 반면, 채취·농업·일용노동에 종사하는 주민은 1,000만 원 미만(43.6%)에 집중적으로 분포하고 있어 뚜렷한 대조를 보인다. 그리고 양식어업에 종사하는

〈표 3-11〉 경제활동별 연소득 분포

구분	경제활동				합계
	어선	양식	채취·농업·일용	관광	
1,000만 원 미만	1(3.1)	6(14.0)	24(43.6)	2(11.1)	33(22.3)
1,000~2,000만 원 미만	5(15.6)	16(37.2)	16(29.1)	3(16.7)	40(27.0)
2,000~3,000만 원 미만	7(21.9)	10(23.3)	9(16.4)	1(5.6)	27(18.2)
3,000~4,000만 원 미만	5(15.6)	8(18.6)	5(9.1)	5(27.8)	23(15.5)
4,000만 원 이상	14(43.8)	3(7.0)	1(1.8)	7(38.9)	25(16.9)
합계	32(21.6)	43(29.1)	55(37.2)	18(12.2)	148(100.0)

$x^2 = 57.558$, $df = 12$, $p < 0.01$

주민은 4,000만 원 이상(7.0%)이라는 응답 비중도 낮았지만 1,000만 원 미만(14.0%)이라는 응답도 낮게 나와 중간 수준을 두텁게 형성하고 있었다.

경제활동에 따른 소득 분포는 마을별 소득구조에도 그대로 반영되었다(<표 3-12> 참조). 도산도는 소득 수준이 낮지만 주민 간의 소득격차가 그리 크지 않았다. 소득 수준이 낮은 이유는 어선어업과 양식어업에 비해 소득 수준이 낮은 채취어업을 중심으로 경제활동을 하고 있을 뿐 아니라 주민들이 고령인 관계로 경제활동 자체가 축소되었기 때문이다. 『어가경제조사』를 보면 세대주의 연령이 높을수록 어가 소득이 감소하는 것으로 나타난다(통계청 KOSIS). 즉, 연령의 상승은 경제활동을 축소시키고 이는 소득 감소로 이어진다는 것인데, 도산도 전체 인구의 62.5%가 60세 이상(2008년 주민등록 기준)으로 이러한 경향이 뚜렷하

〈표 3-12〉 마을별 소득 분포(단위: 가구, %)

구분	마을				
	도산도	하전2리		월산1리	
		전체	양식	전체	어선과 관광
500만 원 미만	3(21.4)	3(5.2)	0(0.0)	11(12.8)	0(0.0)
500~1,000만 원 미만	2(14.3)	8(13.8)	6(14.6)	9(10.5)	3(8.8)
1,000~2,000만 원 미만	4(28.6)	18(31.0)	15(36.6)	19(22.1)	4(11.8)
2,000~3,000만 원 미만	1(7.1)	13(22.4)	10(24.4)	14(16.3)	5(14.7)
3,000~4,000만 원 미만	3(21.4)	11(19.0)	8(19.5)	12(14.0)	5(14.7)
4,000만 원 이상	1(7.1)	5(8.6)	2(4.9)	21(24.4)	17(50.0)
합계	14(100.0)	58(100.0)	41(100.0)	86(100.0)	34(100.0)

게 나타난다고 볼 수 있다. 그뿐만 아니라 채취어업활동이 이루어지는 마을어장에 대한 소유방식이 공동점유형태를 취하고 있어 주민 간의 자원분배가 평등한 것도 계층분화현상이 크게 나타나지 않는 이유이다. 도산도 주민은 전반적인 소득 수준이 낮지만 주민 간의 높은 직업적·인구학적 동질성으로 소득격차가 작았다.

도산도와 비교하면 하전2리 주민의 소득 수준은 높은 편이다. 하전2리의 굴 양식어장 점유형태가 개별점유방식을 취하기 때문에 개별 가구의 능력에 따라 양식장의 규모를 달리할 수 있다. 하지만 개별 가구가 동원할 수 있는 자본과 노동력이 평준화되어 있어 가구별 굴 양식장 규모가 비슷한 수준이다. 그뿐만 아니라 상대적으로 고소득을 올릴 수 있는 어선어업의 규모가 작고 관광업 또한 부업 성격이 강해 소득격차가 크게 나타나지 않았다. 즉, 하전2리 주민의 주요 경제활동인 굴 양식업이 주민 간의 소득 수준을 평준화시켜주는 역할을 했다.

세 마을 중 월산1리의 주민소득이 가장 높았다. 이는 고소득을 올릴 수 있는 어선어업과 관광업이 발달했기 때문이다. 하지만 채취·농업·일용노동에 종사하는 주민들의 소득이 낮아 소득양극화현상이 뚜렷하게 나타났다. 어선어업과 관광업에 종사하는 가구 중 연매출액이 1억 원 이상이라고 응답한 경우도 10가구나 있어 실제로는 <표 3-12>에서 나타난 것보다 소득격차가 더 크다. 어촌계장의 진술처럼 "시골 동네치고 빈부차이가 있는 편"이다. 월산1리는 도산도와 하전2리와 비해 경제활동의 분화와 직업적 이질성이 높을 뿐 아니라 주민 간의 소득격차 또한 뚜렷하게 나타나는 소득구조를 보인다.

3. 마을의 사회자본

1) 질적 분석

(1) 마을의 지역성

세 마을 모두 오랜 역사적 시간 동안 생산과 생활의 장소를 함께 공유해온 마을공동체라는 점에서 높은 지역성을 배태하고 있다. 동성 (同姓)촌락은 아니지만 17세기경 입향한 성씨들이 현재까지 마을의 주류 성씨를 형성하고 있다는 사실이 이를 확인시켜준다. 응답자의 연령에 따라 다를 수 있지만 평균 거주기간도 길고 응답자나 배우자 중 한 명은 마을에서 태어난 비율이 높아 이웃, 친구 그리고 혼맥 등의 중첩된 관계를 통해 지역적 유대와 혈연적 유대를 유지해왔다

〈표 3-13〉 마을별 평균거주기간과 출생지(단위: 명)

구분	평균 거주기간(년)	응답자나 배우자의 출생지	
		마을 내(%)	마을 외(%)
도산도	65	12(92.3)	1(7.7)
하전2리	47	48(90.6)	5(9.4)
월산1리	45.7	64(75.3)	21(24.7)

(<표 3-13> 참조). 다만 인구 규모가 크고 어선어업과 관광업으로 인해 외지인의 유입이 많았던 월산1리는 이러한 경향이 다소 떨어지는 것으로 관찰되었다. 농촌마을에 관한 경험적 연구에서도 시설재배와 같은 자본제적 농업이 확산되면 마을의 전통적인 규범에서 자유로운 외지인의 유입이 늘어날 뿐 아니라 주민 간에도 개인주의적 성향이 강화되는 것으로 나타났는데(김춘동, 1995), 어선어업과 관광업의 성장이 월산1리의 마을에 이와 유사한 영향을 미친 것으로 보인다.

지역성이 전통 유지와 관련되어 있다는 측면에서(이재열, 2006) 마을공동체의 집단신앙인 당제(堂祭)는 지역성의 상징적 표현이라고 할 수 있다. 특히 어촌마을은 고기잡이의 높은 위험성으로 인해 안전을 기원하는 당제가 발달했다. 하지만 선박과 기상예보기술이 발달하면서 과거와 같은 위험이 크게 줄어들었을 뿐 아니라 기독교 신앙의 확산과 마을공동체의 쇠퇴로 인해 당제가 단절된 경우가 많다. 하전2리와 월산1리는 당제를 지내지 않는다. 반면에 도산도에서는 지금도 매년 정월 초에 당제를 지내고 있다. 과거에 비하면 중요성과 엄숙함이 많이 줄어들었지만 여전히 마을 외부에서 무당을 모셔와 마을주민 전체의 관심 속에서 당제를 지낸다. 당제에 소요되는 비용 또한 마을재정에서 가장 많은 부분을 차지하며 당집도 정기적으로 수선한다. 고기잡이에 나간 주민들의 안전을 기원하는 과거와 같은 당제의 기능은 일부 상실되었지만 여전히 마을의 집단신앙으로 남아 있다. 도산도에서 당제는 여전히 마을주민들의 결속력을 강화시키는 기제로 작동하고 있었다.

(2) 마을자치조직의 운영

세 마을 모두 최고의사결정기구인 마을총회를 중심으로 마을운영과 관련된 마을자치조직들이 존재한다. 연 1회 개최하는 마을총회를 통해 주민들에게 마을의 일과 회계결과를 보고하고 중요한 일은 주민들이 직접 논의하고 결정하는 조직체계를 갖추고 있다. 이 외에도 도산도는 부녀회, 노인회, 하전2리와 월산1리는 개발위원회, 청년회, 부녀회, 노인회, 어민회 등이 있다.

도산도의 마을자치조직들은 활동이 거의 없는 편이다. 노인회도 귀향한 새마을지도자에 의해 2007년에 새롭게 만들어졌다. 현재 회원수는 38명으로 65세 이상 주민의 대다수가 참여하고 있으며 회비는 1년에 1만 원이다. 다른 마을의 부녀회는 65세 이하 여성을 대상으로 조직되는데 이 마을에서는 노인회 회원과 특별히 다를 것 없이 마을여성들의 친목 모임 정도로 존재하며 거의 활동이 없는 형편이다.

하전2리 또한 도산도만큼은 아니지만 단체활동이 저조한 편이다. 노인회도 2007년에 결성되었다. 현재 회원은 76명으로 매달 1만 원의 회비를 내고 있다. 그리고 부녀회는 마을노인들을 위한 효도관광이나 경로잔치를 추진하는 등 마을에 필요한 봉사활동을 하고 있지만 회원들의 참여가 소극적이다. 현재 부녀회 회원은 37명으로 1년에 1만 원의 회비를 낸다. 마을의 청장년 남성들로 구성된 청년회는 구체적인 활동이 없어 유명무실한 조직이다. 그리고 어민회는 선주라는 특정한 직업집단의 모임이지만 이익집단이라기보다 친목 및 봉사단체의 성격이 강하다. 주로 마을 주변 바다 청소, 간이 화장실 설치 등과 같은 마을에 필요한 봉사활동을 한다.

두 마을 모두 노인인구가 많은데도 노인회 활동을 포함한 여타의 단체활동이 저조한 편이다. 이러한 이유는 무엇보다도 마을의 주요 경제활동인 채취어업과 굴 양식업이 젊은 사람들뿐 아니라 노인에게도 풍부한 일거리를 제공하기 때문이다. 도산도의 경우 노인들도 "눈만 뜨면 바다에 나가" 자신의 노동력만으로 일정한 현금 소득을 올릴 수 있을 만큼 갯살림이 풍부하다. 또한 하전2리는 굴 양식업에 노인과 여성노동력이 필요하고, 특히 굴 수확시기에는 집중적인 작업을 필요로 한다.7) 여기에 두 마을 모두 어업과 농업을 겸하는 가구가 많아 휴지기 없이 연중 내내 바쁜 경제활동이 이루어지고 있어 단체활동에 참여할 만한 시간 여유가 없는 편이다.

월산1리의 노인회와 부녀회 활동은 앞의 두 마을과 비교하면 활발한

---

7) 굴 양식 과정에서 해상노동은 주로 남성이 담당하는 반면 공각준비, 박신, 판매 작업은 주로 여성들이 담당한다. 공각준비는 홍합이나 굴 껍데기에 구멍을 뚫고 일정한 길이로 줄을 연결하는 작업인데 단순하지만 많은 노동력을 요구한다. 박신작업 또한 조새(굴을 까는 도구)를 이용하여 굴을 까는 작업으로 바다에서 이루어지는 굴 수확작업에 비하면 많은 시간을 요구하는 작업이다. 이러한 작업에는 젊은 여성들은 물론이고 70~80세의 여성노인들까지도 참여한다(유보경, 2008).

편이다. 이러한 이유는 어선어업이 노인과 여성 노동력보다 젊은 남성 노동력을 필요로 하기 때문이다. 즉, 노인과 여성의 경우 단체활동에 참여할 수 있는 시간적인 여유가 앞의 두 마을주민들보다 많은 편이다. 월산1리 노인회는 마을경로당에 모여 자주 음식도 나눠 먹고, 연 2~3회 정도 단체관광을 다닌다. 회원은 103명으로 1년에 2만 원의 회비를 걷고 있다. 월산1리 부녀회는 회원들의 적극적인 참여로 활동이 활발한 편이다. 부녀회장의 진술에 따르면 현재 회원은 50여 명으로 가입대상자의 70~80%가 회원이라고 한다. 회비로 매달 2,000원을 내지만 운영경비는 주로 마을에서 나오는 재활용품을 판매하여 충당한다. 주요 활동으로는 경로잔치, 초등학교 장학금 지원, 불우이웃돕기 등 마을에 필요한 각종 봉사활동이 있다. 상대적으로 인구 규모가 큰 월산1리가 마을자치조직들의 움직임이 다소 활발한 편이지만, 세 마을 모두 과거에 비하면 마을을 위한 봉사와 부역의 필요성이 현격하게 줄어들어 마을자치조직들의 활동이 저조한 상황이다. 따라서 이들 조직이 개인이나 특정 집단의 이익이 아닌 마을주민의 친목과 이익을 지향한다 하더라도 사회자본의 축적에 의미 있는 영향을 미친다고 판단하기는 어렵다.

(3) 어촌계

참여에 대한 보상 정도가 높고 외부 집단과의 경계가 명확한 폐쇄형 연결망이 사회자본을 축적하는 데 유리한 조건을 제공한다는 주장을 받아들인다면 어촌마을에서 가장 중요한 조직은 어업공동체의 법적 실체인 어촌계이다. 마을어장의 경제적 가치가 높은 채취어업지대와

〈표 3-14〉 마을별 어촌계 비교

구분		도산도	하전2리	월산1리
연결망의 폐쇄성	가입조건	매우 높음	높음	매우 낮음
마을주민들과의 경제적 통합 (경제적 보상)	중심 어업	채취어업	양식어업	어선어업
	마을어장의 경제적 가치	매우 높음	매우 높음	낮음
	배당금	매우 높음	높음	낮음
마을주민들과의 인적 통합		완전히 일치 (100%)	매우 높음 (81.5%)	낮음 (51.5%)
마을어장 점유형태		공동점유	공동점유 개별점유	공동점유
설립연도(회원 수)		1962년 (36명)	1990년 (98명)	2002년 (140명)

주: 어촌계원과 마을주민들 사이의 통합 정도는 실거주세대를 기준으로 하여 계산했고 나머지는 마을 간 상대적 크기를 나타냄.

양식어업지대에서는 어촌계의 활동이 활발하지만 어선어업지대의 어촌계는 활동이 미약한 편이다. 이러한 기준을 적용시켜본다면 도산도와 하전2리의 어촌계가 월산1리 어촌계보다 마을주민 혹은 계원에게 미치는 경제적·사회적 영향이 더 클 것으로 예상해볼 수 있다.

도산도 어촌계는 어촌계의 법적 근거를 인정한 「수산업협동조합법」(이하 「수협법」)이 발효된 1962년에 결성되었다. 1973년에 진행된 대대적인 어촌계 통합 과정에서도 섬이라는 지리적 고립을 이유로 다른 마을어촌계와 통합하지 않고 현재까지 독자적 비법인 어촌계를 유지해 오고 있다.8) 현재 어촌계 회원은 36명으로 도산도를 고향으로 하면서

---

8) 1962년에 1,658개였던 어촌계가 1972년에 2,258개가 되어 10년 사이에 36.2%

섬에 실제로 거주하고 있는 전체 호가 회원이다. 즉, 마을이장의 진술처럼 "어촌계 회원이 마을회원이고 마을회원이 어촌계 회원"이어서 마을주민과 어촌계원이 완전한 인적 통합을 이루고 있다. 이러한 특징으로 인해 마을운영에 들어가는 마을기금을 모두 어촌계 수익에서 충당하며 어촌계 회의와 마을회의를 따로 구분하지 않고 운영한다.

도산도 출신이 아닌 주민은 어촌계에 원천적으로 가입할 수 없으며 도산도 출신이어도 귀향한 경우 5년이 지나야 새롭게 계원 자격을 얻을 수 있다. 도산도 어촌계는 외지인 가입이 원천적으로 봉쇄되는 강한 폐쇄형 연결망 구조를 갖는다. 도산도 어촌계는 채취어업을 할 수 있는 미역바위를 포함하여 전복과 해삼 어장을 포함한 60헥타르의 마을어장을 관리하고 있다. 어촌계원이 아니면 경제적 목적으로 마을어장을 이용할 수 없을 뿐 아니라 공동점유의 형태를 취하기 때문에 계원은 자신의 권리를 타인에게 매매하거나 양도할 수 없다. 따라서 채취어업이 도산도의 핵심적인 경제활동인 점을 고려한다면, 현실적으로 도산도에서 어촌계원이 아닌 주민은 생계유지를 위한 어업활동 자체가 불가능할 정도로 어촌계에 대한 경제적 의존도가 높다.

이런 측면에서 도산도 어촌계는 어업공동체의 본질이라고 할 수 있는 존립형태 혹은 어장중심형A에 가깝다. 어장의 소유방식이 공동점

증가하면서 어촌계 간의 어장분쟁이 끊이지 않았다(속칭 '미역바위싸움'). 이에 따라 수협중앙회와 수산청은 어촌의 분규 해소와 단합, 어촌계의 존립안정과 어민의 소득증대를 위한 어촌계 육성방안으로 어촌계의 통합정비를 추진하며 1973년에 대대적으로 어촌계를 통합했다(김준, 2004: 131).

유형태를 띠고 있으며 성원 자격도 튼튼한 입호제도에 기초하고 있다. 그러나 전복과 해삼 사업을 제외하면 노동과 경영에서 공동생산, 공동분배가 나타나지 않는다. 이는 어촌계원의 규모에 비해 상대적으로 해양자원이 풍부하여 채취어업 시 가구당 참여인원을 제한하지 않아도 되기 때문이다. 어촌계에서 공동으로 경영하는 전복과 해삼 어장의 수익금은 어촌계와 마을운영기금을 제외하고 계원들에게 균등하게 분배되는데, 기름유출사고 이전에는 가구당 연간 400만 원 정도를 배당받았다고 한다. 이 정도 금액이면 300평 규모의 마늘농사에서 얻는 수익을 웃돈다. 따라서 어촌계 배당금은 고령으로 인해 경제활동이 축소된 섬 주민들에게 가장 확실한 경제적 안정망이다.

하전2리 어촌계는 소원면 법인어촌계에 속해 있었으나 1989년 태안군 복군(復郡)에 맞춰 분리 독립하여 1990년 비법인 어촌계를 설립했으며 이것이 현재에 이르고 있다. 하전2리 어촌계 또한 도산도 어촌계 정도는 아니지만 진입장벽이 높은 편이다. 가입 자격을 얻기 위해서는 우선 마을에 3년 이상 거주해야 한다. 그러나 이러한 조건을 충족시키고도 어촌계원을 98명으로 고정시켜두고 있어 결원이 발생해야 입어료 600만 원을 납부하고 가입할 수 있다. 마을에는 120여 가구가 실제로 거주하고 있는데, 이 중 81.5%가 어촌계에 가입하고 있어 비교적 높은 가입률을 보이고 있다. 따라서 도산도만큼은 아니지만 마을주민과 어촌계원 간의 인적 통합 수준이 높다. 하지만 어촌계원이 아닌 가구가 있는 관계로 어촌계의 재정과 회의는 마을과 별도로 운영한다.

2009년을 기준으로 어촌계에서 면허권을 가진 마을어장의 규모는 해삼·전복 120헥타르, 굴 23헥타르, 가리비 10헥타르, 바지락 2.3헥타르 등 총 155.3헥타르이어서 소원면 내 행정리 단위에서 가장 규모가 크다. 소수이지만 비어촌계원인 20여 호 중에서 굴 양식을 하는 경우도 있으며 어촌계원 중에도 개인 사정에 따라 굴 양식을 하지 않는 경우도 있다. 즉, 마을어장에서 이루어지는 굴 양식이 반드시 어촌계원과 일치하는 것은 아니다. 하지만 해삼과 전복 판매 수익금은 어촌계원인 경우만 받을 수 있으며 기름유출사고 이전에는 가구당 연간 150만 원을 배당받았다. 즉, 같은 마을어장이라도 굴 양식 어장은 다소 개방적이지만 전복과 해삼 어장은 매우 폐쇄적으로 운영한다. 그러나 굴 양식 어장도 마을 외부 사람들에게는 매매할 수 없다는 점에서 여전히 강한 폐쇄성을 갖는다. 도산도만큼은 아니지만 배당금도 있고 굴 양식이 마을어장을 터전으로 한다는 점에서 어촌계에 대한 주민들의 경제적 의존도가 높다고 할 수 있다. 하지만 굴 양식 어장이 개별 점유되고 어촌계와 무관하게 가구별로 개별 경영된다는 측면에서는 도산도와 달리 어업공동체의 '변질형태'나 '어장중심형B' 형태라고 볼 수 있다.

월산1리 어촌계는 2002년에 설립되었으며 가입조건, 즉 진입장벽이 앞의 두 마을에 비교하면 매우 낮은 편이다. 월산1리 어촌계장의 표현을 빌리자면 "개방적이다". 현재 어촌계원은 140명이다. 월산1리에는 270여 가구가 실제로 거주하는데, 전체 가구의 51.8%가 어촌계에 가입한 수준이다. 앞의 두 마을과 비교하면 마을주민과 어촌계원 간의 인적 통합 수준도 낮다. 회원자격은 월산1리에 실제 거주하고 있는 주민으로 한정하지만 도산도처럼 고향사람으로 자격조건을 제한하거나 하전2리처럼 일정한 거주기간을 요구하거나 정원을 고정시켜두지 않았다. 다만 입호금에서 원주민은 20만 원, 외지인은 40만 원으로 차별을 두고 있는데, 금액 자체가 작아 진입장벽으로 작용하지 못한다. 그리고 1년에 단 며칠이라도 바다 일에 종사하면 계원자격을 주고 있어서 계원 중에는 어업을 주업으로 하지 않는 경우도 많다. 즉, 앞의 두 마을과 비교하면 마을주민과 계원 사이의 인적·경제적 통합 수준뿐 아니라 계원 간의 직업적 동질성 또한 매우 낮은 편이다.

월산1리의 어촌계가 가입조건이 까다롭지 않은데도 가입비율이 낮은 이유는 마을어장의 경제적 가치가 그만큼 떨어지기 때문이다. 어촌계 면허어장은 해삼·전복 어장이 13헥타르에 불과하며 이웃 마을과의 어장분쟁으로 인해 이마저도 원활하게 운영하지 못했다. 따라서 현재 어촌계원들에게 돌아가는 배당금도 전혀 없는 실정이다. 또한 면허어장의 규모가 작아 어장관리를 잘한다 하더라도 도산도와 하전2리 수준의 경제적 효과를 기대할 수 없다. 월산1리 어촌계장 또한 이를 잘 인식하고 있었다. 따라서 어촌계의 사업목표를 자체적인 어업권 확장을 통한 수익 증대에 두기보다 대외 활동으로 월산항에 수산물 판매점과 같은 기반 시설을 확충하고 이를 통해서 계원들이 수익을 올림으로써 마을 내 일자리를 창출하는 방향으로 설정하고 있었다.

어촌계와 주민 간의 인적·경제적 통합 수준이 높은 도산도와 하전2리의 경우 어촌계 운영이 경제적 효율성에만 매몰되어 있지 않다. 경제적 효율성만 고려한다면 생산에 기여하지 않는 계원들을 탈퇴시키고 생산자 중심의 어촌계를 구성하여 남아 있는 계원들이 더 많은 이익을 취할 수 있다. 하지만 이 두 마을의 경우 공유자원에 대한 이용과 배당금 분배에서 철저하게 평등규범의 원리를 따르고 있어 오히려 주민 간의 결속력을 강화시키는 효과를 불러온다. 즉, 등가성을 배제한 어촌계의 평등한 자원분배방식이 단순한 경제적 보상을 넘어 성원들 사이의 협력과 유대를 강화시킨다. 그리고 어촌계원이 마을주민이라는 측면에서 어촌계의 사회자본은 마을주민의 사회적 관계로까지 확장된다.

이러한 경향은 마을공동체와 어촌계가 인적·경제적으로 완전하게 통합된 도산도 사례에서 더욱 뚜렷하게 드러난다. 도산도의 마을재정은 모두 어촌계 수익에서 충당한다. 마을이장의 진술에 따르면 마을재정으로 1년에 1,000만 원 정도가 소요된다고 한다. 이만큼 큰 비용이 드는 이유는 지리적으로 고립된 섬이라는 특성상 마을에 필요한 물건을 구입할 때 육지보다 운반비용이 많이 들어가기 때문이기도 하지만, 가장 큰 이유는 매년 지내는 당제에 소요되는 비용 때문이다. 어촌계 내부의 경제적 이익만을 고려한다면 이 돈을 계원들끼리 나눠 갖거나 재투자하는 것이 더 효율적이다. 하지만 현실에서는 마을공동체의 집단신앙인 당제의 제수비용으로 사용된다. 즉, 어촌계의 경제적 이익이 어촌계를 넘어 마을주민들의 사회관계 강화로까지 확장된다. 월산1리는 인구 규모가 크고 경제활동의 분화 정도가 높은 관계로 해녀영어조합법인(36명)9), 선주영어조합법인(38명), 항운노조(11명) 등과 같은 경제조직이 있지만 마을의 일부 주민들만 참여하고 있으며 철저한 생산

---

9) 해녀영어조합법인은 월산리 일대에 거주하는 해녀들이 만든 경제조직이다. 1960년대 이후 제주도에 출가물질(1년 중 일정 기간 육지에서 물질을 하고 끝나면 다시 제주도로 돌아가는 물질의 형태)을 나온 제주해녀들이 현지 남성과 결혼하면서 마을에 정착했다. 이들은 소원면 일대의 마을어장이나 공유수면에서 전복과 해삼을 채취한다. 현재 월산리 일대에만 35명 정도의 해녀들이 살고 있는데 월산1리에 가장 많이 거주하고 있다.

자 중심의 경제조직이어서 도산도와 하전2리의 어촌계와 같은 역할을 대신할 수 없다. 따라서 도산도, 하전2리, 월산1리 순으로 어촌계가 마을의 사회자본을 축적시키는 결집체로서 역할이 크다고 볼 수 있다.

2) 양적 분석

(1) 사회자본의 측정문항과 신뢰도 및 요인분석

사회자본이 성원 간의 관계 속에 내재한다는 측면에서 사회적 연결망은 사회자본의 형성과 유지에 필수요소이다. 이 글에서는 주민 간의 상호교류와 상호인식을 통하여 사회적 연결망의 강도를 측정했다(<표 3-15> 참조). 호혜성은 도덕적 의무에 바탕을 둔 교환유형으로 이해관계의 방향성을 중요시한다. 따라서 마을회의에 대한 참여 수준, 개인과 공동체 간의 견해나 이해관계가 충돌했을 때 지향하는 방향성을 통하여 측정했다. 신뢰는 배경적 기대와 구성적 기대로 구분했다. 신뢰 수준은 주민 간의 신뢰와 마을지도자에 대한 주민들의 신뢰 수준으로 측정했다. 마을지도자는 어촌마을을 운영하는 핵심 인물이라는 점에서 이들에 대한 높은 신뢰는 협동을 끌어내고 갈등을 조정하는 데 중요한 역할을 한다고 볼 수 있다.

사회자본을 측정하기 위하여 사용한 7개 문항의 신뢰도 분석 결과, 크론바흐 알파계수(Cronbach's Alpha)가 0.529로 신뢰할 만한 수준이었다. 그리고 요인분석 결과 <표 3-15>와 같이 변수들이 묶였다. 이상의 문항들은 모두 5점 척도로 측정했으며 5점에 가까울수록 사회적 연결망이 강하고 호혜성과 신뢰 수준이 더 높다. 하지만 이러한 양적 자료가

〈표 3-15〉 사회자본 측정문항과 척도

구분	문항	척도 ①	②	③	④	⑤
사회적 연결망	귀하는 마을사람들과 얼마나 자주 만나 시간을 보내고 계십니까?	← 약한 유대			→ 강한 유대	
	귀하는 마을주민들을 얼마나 잘 알고 있습니까?					
호혜성	귀하는 마을회의에 얼마나 자주 참석하십니까?	← 부정적인 호혜성		균형 잡힌 호혜성	→ 일반화된 호혜성	
	귀하는 자신의 생각과 조금 다르더라도 마을회의 및 가입한 단체에서 결정한 내용을 잘 따르십니까?					
	귀하는 개인이 조금 손해를 보더라도 마을이 잘 되어야 한다고 생각하십니까?					
신뢰	귀하는 마을주민들에 대해서 어느 정도 믿습니까?	← 불신		구성적 기대	→ 배경적 기대	
	귀하는 마을임원(이장, 새마을지도자, 어촌계장 등)을 어느 정도 믿고 따릅니까?					

사회자본의 질적 측면까지 효과적으로 설명해주지는 못한다. 특히 이 책의 사례에서처럼 학력 수준도 낮고 고령의 주민들을 상대로 한 설문조사는 문항의 선정부터 제한이 따른다. 그뿐만 아니라 동질성이 높은 집단을 비교할 경우 통계적 수치가 집단들 간에 보이는 의미 있는 차이를 설명해주지 못할 수도 있다. 따라서 바로 앞서 논의한 질적 분석의 내용을 끌어와서 마을별 사회자본을 비교했다.

〈표 3-16〉 사회자본의 기초통계

항목	설명	N	평균	표준편차
사회자본	사회자본 지수	133	4.1826	.49623
사회적 연결망	사회적 연결망 지수	147	4.1565	.75807
	주민 간 상호교류	159	3.61	1.196
	주민 간 상호인식	150	4.70	.683
호혜성	호혜성 지수	149	4.3378	.63315
	마을회의 참석 정도	161	4.07	1.258
	마을전체(회의)의 결정에 따른 정도	150	4.23	.770
	개인보다 마을 전체의 이익을 따르는 정도	157	4.61	.731
신뢰	신뢰지수	155	3.9194	.89458
	주민 간 신뢰	157	3.69	1.119
	마을임원에 대한 주민신뢰	156	4.15	1.034

(2) 사회자본의 측정 결과

① 사회자본의 실태와 결정요인

마을을 구별하지 않고 전체 수준에서 측정한 사회자본의 기초 통계를 살펴보면 사회자본의 총량 지수가 4.1826으로 높게 나왔다(<표 3-16> 참조).[10] 앞의 이론적 논의를 빌어 표현하자면, 강한 유대의 사회적 연결망 안에서 작동하는 일반화된 호혜성과 배경적 기대를 특징으로 하는 필로스관계의 사회자본이 나타났다고 볼 수 있다. 필로스 관계는 집단의 경계가 명확할 뿐 아니라 성원 간의 동질성이 높은

---

10) 사회적 연결망, 호혜성, 신뢰 지수는 각 변수들의 평균값을, 사회자본 지수는 7개 변수들의 평균값을 사용했다. 따라서 5점에 가까울수록 연결망의 강도가 더 강하고, 일반화된 호혜성, 배경적 기대에 더 가깝다고 볼 수 있다.

〈표 3-17〉 사회자본의 회귀분석

구분	비표준화계수		표준화된 Beta	t값
	기울기(B)	표준오차		
상수	3.155	.282		11.183***
연령	.014	.004	.300	3.171**
어촌계(가입)	.291	.119	.218	2.435*
경제활동(채취어업)	.351	.157	.210	2.227*
성별(여성)	-.190	.089	-.191	-2.133*

$R^2=0.250$, F비=8.079***
N=102
종속변수: 사회자본
*p<0.05, **p<0.01, ***p<0.001

소규모 공동체에서 주로 나타난다(최종렬, 2004). 어촌마을은 경제적·사회문화적 동질성이 높은 집단일 뿐 아니라 지역적·혈연적 유대를 통해 높은 지역성을 형성해왔다. 즉, 어촌마을이 배태한 높은 지역성은 사회자본을 축적할 수 있는 기본 토대를 제공한다고 볼 수 있다.

<표 3-17>은 사회자본의 형성에 영향을 미친 변수들을 밝혀내기 위하여 단계선택(stepwise)방법을 통해서 찾아낸 최적화 회귀모형으로 25%의 설명력(R^2)을 보였다.[11] 11개의 변수 중에서 연령(β =0.300),

---

11) 범주형 변수인 성별, 경제활동, 어촌계 가입 유무는 모두 더미(dummy)변수로 만들어 사용했다. 성별은 남성, 경제활동은 어선어업, 어촌계는 미가입을 기준으로 했다. 그리고 독립변수 11개는 크게 개인적 배경(성별, 연령, 소득, 학력, 거주기간), 경제활동(양식, 맨손, 농업, 관광, 기타 경제활동), 어촌계 가입으로 단계선택방식을 통해 투입했다. 단계선택방식은 자동으로 최적화모델을 찾아낼 수 있다는 점뿐 아니라 중요성이 낮거나 의미가 없는 변수를 모형에서 제거된 상태로 출력시켜 독립변수와 종속변수를 명확하게 파악할

어촌계가입(β =0.218), 채취어업(β =0.210), 성별(여성, β =-0.191)만이 사회자본에 의미 있는 영향을 미쳤다. 이 중에서 연령이 가장 높은 영향력을 미쳤는데 연령이 높을수록 사회자본의 축적 수준이 더 높은 것으로 나타났다. 이러한 결과는 농촌마을의 사회자본을 측정한 기존의 연구 결과와 정반대이다(김기홍, 2006). 이러한 이유는 측정문항의 차이에서 기인한 측면이 있다. 그리고 농촌마을에 비해 어촌마을 노인들의 경제적·사회적 활동이 활발한 측면이 반영되었을 뿐만 아니라 "우린 예전에 그렇게 살지 않았다"라고 말하며 젊은 사람을 타박하는 노인들의 진술에서 드러나듯이 여전히 과거의 공동체적 가치에 대한 기본적인 사고가 노인들에게 강하게 남아 있는 것도 한 이유이다.

그리고 어촌계 가입과 채취어업이 사회자본의 형성에 정(+)의 영향을 미쳤다는 사실은 어촌마을의 사회자본을 설명하는 데 중요한 단서를 제공한다. 필자는 앞선 분석에서 어촌마을의 사회자본 축적에 어촌계가 중요한 변수임을 강조했다. 어촌계는 가입조건에 제한을 두기 때문에 외부 집단과의 경계가 명확할 뿐 아니라 계원에게만 경제적 혜택을 제공하여 계원을 하나의 연결망 안으로 강하게 묶는 효과를

수 있는 장점이 있다(김기홍, 2006) 그리고 월산1리에서 1순위 경제활동으로 맨손어업을 선택한 사례는 분석에서 제외했다. 이러한 이유는 동일한 맨손어업이라도 월산1리와 도산도에서 이루어지는 맨손어업의 사회적 맥락이 다르기 때문이다. 따라서 이를 혼합하여 사회자본을 구할 경우 도산도에서 마을어장 및 어촌계와의 연관 속에서 이루어지는 맨손어업이 갖는 의미가 월산1리 맨손어업에 의해서 상쇄되어버릴 수 있다. 따라서 월산1리의 맨손어업 사례를 제외하고 회귀분석을 하는 것이 오히려 어업공동체 본질형태로서 채취(맨손)어업이 갖는 사회적 특성을 더 잘 반영한다고 볼 수 있다.

〈표 3-18〉 주요 경제활동별 사회자본

구분	경제활동	사례 수	평균	표준편차	자유도	F비
사회 자본	어선어업	29	4.1084	.51742	집단 간=3 집단 내=77 합계=80	4.789**
	양식어업	33	4.2294	.25703		
	채취어업	10	4.6857	.28412		
	농업	9	4.0952	.50000		
	합계	81	4.2275	.46058		

*p<0.05, **p<0.01, ***p<0.001

불러온다. 그리고 이러한 강한 유대는 계원 간의 의무이행과 상호감시를 통해 높은 수준의 신뢰와 호혜성을 형성하는 데 긍정적인 영향을 미친다.

어업의 유형에서 채취(맨손)어업만이 사회자본의 형성에 긍정적인 영향을 미쳤다. 그러나 모든 채취어업이 영향을 미치는 것은 아니다. 도산도와 월산1리에서 채취어업에 종사하는 주민들의 사회자본을 비교해보면 도산도(4.7959)가 월산1리(4.1048)보다 더 높게 나타났다. 그리고 월산1리만 회귀분석을 했을 경우 채취어업이 사회자본에 의미 있는 영향을 미치지 못했다. 이것은 채취어업 그 자체보다 채취어업이 놓인 사회적 맥락이 중요하다는 사실을 보여준다. 도산도의 채취어업은 폐쇄성이 강한 어촌계원만의 권리라는 측면에서 월산1리의 채취어업과는 뚜렷하게 구별된다. 하전2리의 굴 양식업 또한 어촌계와 통합정도가 강한 어업활동이지만 회귀분석에서는 통계적 의미가 없었다. 하지만 분산분석을 통해 경제활동별로 사회자본의 평균값을 비교해보면 의미 있는 결과가 나왔다(<표 3-18> 참조). 이렇게 볼 때 어촌계와의 통합 정도가 강한 어업활동이 어촌마을의 사회자본 형성에 더 큰 영향을 미쳤다는 사실을 확인할 수 있다. 즉, 공유자원인 마을어장에 대한 경제적 의존도가 높을수록 주민들이 강하게 결속되어 있었다.

② 마을별 사회자본의 비교

분산분석을 통해서 마을별 사회자본의 평균값을 비교해보면 도산도(4.7500), 하전2리(4.1524), 월산1리(4.1109) 순으로 높게 나타났다(<표 3-19> 참조). 다만 신뢰 수준에서 월산1리는 특정한 맥락과 상황에서의 규칙인 구성적 기대 또는 루만이 말한 사건으로서의 신뢰(trust as an event)에 더 가까워 도산도 및 하전2리와 비교하면 개인주의적 사회관계가 더 강하게 나타났다.

도산도의 높은 사회자본은 마을주민과 어촌계원 간의 높은 인적·경제적 통합 수준, 연령, 직업적 동질성, 마을당제 그리고 작은 인구 규모 등이 영향을 미친 것으로 보인다. 그뿐만 아니라 서로 "돕고 살지 않으면 섬 생활하기 힘들다"라는 주민의 진술처럼 고립된 환경에 살아가면서 공동체 내부에서 자연스럽게 발전시킨 일상적인 상호협력 또한 사회자본의 형성에 긍정적인 영향을 미친 것으로 보인다(김도균·이정림, 2008).

통계수치만 놓고 보면 하전2리와 월산1리의 사회자본은 별 차이가 없다. 이는 양적 자료가 사회자본의 질적 특성까지 반영하지 못하기 때문이다. 하전2리의 어촌계는 계원들에게 직접적인 경제적 혜택을 제공하지만 월산1리의 어촌계는 그렇지 못하다. 따라서 하전2리 어촌계는 진입장벽이 높은 강한 유대가 나타나지만 월산1리 어촌계는 약한 유대가 나타난다. 월산1리의 사회적 연결망 지수가 하전2리보다 통계

〈표 3-19〉 마을별 사회자본의 평균비교

구분		사례 수	평균	표준편차	자유도	F비
사회자본	도산도	12	4.7500	.23690	집단 간=2 집단 내=130 합계=132	9.897***
	하전2리	45	4.1524	.43331		
	월산1리	76	4.1109	.50768		
	합계	133	4.1826	.49623		
연결망	도산도	14	4.7857	.46881	집단 간=2 집단 내=144 합계=146	8.203***
	하전2리	54	3.9259	.74230		
	월산1리	79	4.2025	.74472		
	합계	147	4.1565	.75807		
호혜성	도산도	12	4.6389	.36121	집단 간=2 집단 내=146 합계=148	1.486
	하전2리	52	4.3141	.51307		
	월산1리	85	4.3098	.71785		
	합계	149	4.3378	.63315		
신뢰	도산도	14	4.8929	.28947	집단 간=2 집단 내=152 합계=154	13.736***
	하전2리	53	4.0472	.64498		
	월산1리	88	3.6875	.96880		
	합계	155	3.9194	.89458		

*p<0.05, **p<0.01, ***p<0.001

수치상 다소 높게 나왔더라도 하전2리가 더 강한 유대의 연결망을 형성하고 있다고 할 수 있다. 폐쇄성이 높다는 것은 외지인의 입장에서 보면 그만큼 배타성이 높다는 것을 의미하지만 원주민의 입장에서 보면 그만큼 토박이들끼리의 응집력이 강하다는 것을 보여준다.[12]

---

12) 월산1리에 사는 한 주민의 진술에서 이러한 차이가 잘 드러났다. "하전리에서는 외지인은 오랫동안 외지인으로 남아요. 그래서 토박이들끼리는 응집력이 강해요. 어촌계를 중심으로 생업을 하기 때문에 다들 사는 게 비슷하거든.

마을주민과 어촌계원 간의 통합 정도도 하전2리가 월산1리보다 월등하게 높았다. 그뿐만 아니라 월산1리의 경우 같은 어촌계원 간에도 직업적 이질성과 소득격차가 크게 나타나며 계원 간의 친밀감도 떨어지는 경향을 보였다. 주민 간의 직업적 동질성이 높고 소득 수준이 평준화되어 있다는 것은 그만큼 직업적·계층적 위화감이 덜하다는 것을 의미하며, 주민 간의 호혜성과 신뢰 수준을 높이는 데 긍정적인 역할을 한다.13) 따라서 세 마을 모두 전인격적인 관계를 바탕으로 한 마을공동체라는 점에서 통계 수치상 높은 사회자본이 나타나지만, 분석을 종합해서 보면 도산도, 하전2리, 월산1리 순으로 사회자본의 축적 정도가 높다고 할 수 있다.

    하지만 월산은 어선 하는 사람, 농사 크게 하는 사람, 장사 크게 하는 사람도 있고, 그렇지 못한 사람도 많아요. 빈부격차가 심한 편이죠. 빈부격차가 심하고 외지인도 많고, 마을이 큰 편에 속하기 때문에 농촌이지만 도시나 매한가지예요(월산1리 남, 57세)."

13) 하전2리에 사는 한 주민은 소득과 주민 신뢰 사이의 관계를 다음과 같이 진술했다. "주민 전체가 균등하게 살아야 서로가 울근불근하지 않아. 균등하게 살아야 인심이 다 좋아지는 거야. 그러니까 우리 마을에는 도둑이 없어요. 우리는 서울 가서 한 달을 있다 와도, 문 열어놓고 가. 문통(열쇠) 차고 안 다녀. 여기 인심이 굉장히 좋아. 서로서로 이야기해주고 갈켜주니까. 다 믿고 사는 거지. 믿고 살지 않으면 큰일 나요(하전2리 여, 68세)."

⦿ 관찰기록: 도산도 주민의 냉장고 나르기

도산도로 들어가는 배를 타기 위해 신진도항에 도착했을 때, 택배회사 직원들과 도산도 주민들은 섬으로 들어가는 대형 냉장고를 배에 싣고 있었다. 필자는 경사가 급하고 좁은 섬의 선착장 계단과 마을길로 차도 없이 어떻게 저 큰 냉장고를 운반할 수 있을지 내심 걱정이 되었다.

20~30분 후 배가 도산도에 도착하자 먼저 눈에 들어온 것은 선착장에 다른 때보다 많은 주민들이 나와 있는 모습이었다. 주말이라 육지로 나가려는 주민들이겠거니 생각했는데 그들은 대부분 냉장고를 나르기 위해 온 남성 주민들이었다.

배가 선착장에 정박하자 본격적인 운반 작업이 시작되었다. 먼저 배를 타고 왔던 주민과 필자 그리고 선착장에서 기다리고 있던 주민을 포함해서 7~8명의 사람이 합심하여 냉장고를 배에서 내렸다. 다음은 힘들게 내린 냉장고를 여럿이 사륜오토바이와 연결된 수레에 싣고 섬 마을로 가는 가파른 길을 올라갔다.

잠시 후, 냉장고를 구입한 주민의 집에 도착했다. 수레에서 냉장고를 마당에 내리고 부엌으로 옮기는 일이 시작되었다. 그런데 그 집의 천장이 낮아 아무리 해도 대형 냉장고를 안으로 넣을 수 없었다. 창문을 통해 여러 차례 시도했지만 결국 실패했다. 시간이 오래 걸리고 수고로운 작업이었다. 그러나 그곳에 왔던 주민들은 모두 성의껏 이 일을 도왔다.

냉장고 주인의 말에 따르면 자신은 마을사람들에게 특별히 도와달라는 연락을 하지 않았는데도 이렇게 나와서 끝까지 도와주었다며, 이것이 도산도 만의 인심이라고 자랑했다.

제4장

기름유출사고가 어촌마을에 미친 사회경제적 영향

1. 마을에 미친 경제적 영향

1) 경제활동의 중단과 재개

(1) 도산도

도산도는 자연환경상 토지에서 얻을 수 있는 농업생산물이 극히 제한적일 뿐 아니라 지리적으로 고립된 섬의 특성 때문에 외부 노동시장과도 완전하게 단절되어 있다. 그럼에도 주민들이 일정한 수준의 생활을 유지할 수 있었던 이유는 섬사람의 생명이라고 할 수 있는 풍부한 바다자원이 있었기 때문이다. 도산도 주민의 주요한 경제활동인 채취어업은 채취선을 제외하면 자본투자가 거의 영에 가깝다. 따라서 노동능력만 있으면 누구든지 스스로의 노력으로 자신의 생계를 유지할 수 있었다. 즉, 채취어업은 해양생태계만 잘 보전된다면 다른 어떤 어업활동보다 지속하기 용이하며 자본의 소유 정도와 무관한 개방적인 생계수단이다. 도산도 주민들이 노령임에도 기름유출사고 이전에 경제활동이 활발했던 이유는 건강한 해양생태계에 기초한 채취어업에 종사하고 있었기 때문이다. 그러나 기름유출사고로 인해 갯바위가 오염되면서 이러한 채취어업이 전면적으로 중단되어버렸다. 어촌계에서 공동으로 경영하는 전복과 해삼 어장도 오염되었다. 사고 이전에 도산도 주민인 동시에 어촌계원인 이들에게 전복과 해삼 어장의 배당금은 자녀로부터 받는 빈약한 경제적 지원을 대신하여 가장 확실한 경제적 안전망이었다.

채취어업과 달리 어선어업은 상대적으로 어장 이동이 자유로워서 오염되지 않은 바다로 나가 조업할 수 있다. 그리고 대다수 주민들은 소형 선외기를 이용하여 섬 인근에서 물고기를 잡았기 때문에 현실적으로 사고 이후 오염되지 않은 바다로 나가서 조업할 만한 형편이 안 되었다. 즉, 도산도 주민의 영세한 어선 규모는 채취어업의 피해를 완화시키지 못하는 것이다. 그리고 육지 마을에서 3~4톤급 이상의 배를 운영하는 어선어민의 경우 채취어업을 하지 않거나 소극적이지만, 도산도 어선어민에게는 채취어업 또한 중요한 소득원 중 하나이다. 따라서 도산도에서의 채취어업 중단은 주민들이 소유한 어선 규모와 관계없이 전체 마을주민에게 심각한 경제적 피해를 주었다.

또한 사고 이전에는 겨울철을 제외하고 줄곧 이어졌던 낚시꾼과 관광객의 방문이 끊어지면서 낚싯배와 민박 영업도 중단되었다. 사고 이전의 여름철 성수기에는 찾아오는 관광객이 많아 빈방이 없을 정도였다고 한다. 그러나 사고 이후에는 관광을 하기 위한 목적보다는 섬 주민에게 도움을 주기 위해 찾아오는 단골손님이나 단체방문객만 있을 뿐이다. 민박은 자신들이 사는 농가주택을 개량한 수준이어서 두세 개의 방을 운영하는 정도였기 때문에 관광객의 방문이 많았다고 하더라도 가계소득에서 큰 부분을 차지하지 않았다. 그리고 섬으로 난방용 기름을 운반하는 비용이 많이 들기 때문에 성수기인 여름철에만 운영하는 경우가 대부분이다. 하지만 전문적으로 민박을 운영하는 두 가구를 보면 다른 경제활동에 비해 전체 가계소득에서 민박소득이 차지하는 비중이 가장 높았다. 이들이 민박 수입만으로도 연간 1,500~2,000만 원 정도의 소득을 올렸던 것으로 보아 관광객의 방문이 적지 않았음을 알 수 있다.

섬 주민 전체의 입장에서 보면 관광객의 감소는 민박 수입이 줄어들었다는 측면보다 오히려 도산도 해산물의 주요한 고객을 상실했다는 측면에 더 깊게 관련된다. 주민들은 채취하거나 포획한 해산물을 육지 상인에게 판매하기도 했지만 여객선이나 유람선을 타고 섬을 찾는 관광객에게 직접 판매하는 경우도 많았다. 특히 어류는 섬 연안바다에서 적은 양을 잡았기 때문에 관광객이나 낚시꾼에게 회를 떠주거나 직접 판매하는 경우가 많았다고 한다. 주민들은 섬 주변 바다에 대한 높은 암묵지(tacit knowledge)를 바탕으로 손쉽게 물고기를 잡아 팔아왔다.

이렇게 도산도의 주요 경제활동인 채취어업은 누구나 손쉽게 참여할 수 있지만 고정된 장소에서 작업하기 때문에 환경오염에 취약하다. 즉, 채취어장의 환경을 복원하고 생물학적 순환 과정을 통하여 자연자원이 재생되어야만 다시 채취어업을 할 수 있다.

〈표 4-1〉 사고 이후 도산도 경제활동의 중단과 재개 시점

구분	2007년 12월 7일	2008년 4월 1차 조업재개	9월 태안군 전역 조업재개	12월 이후
채취어업	중단	중단	중단	일부 재개
어선어업 (2톤 미만)	중단	중단	중단	중단
관광업	중단	중단	중단	중단

방제작업이 빠른 속도로 진척되면서 초기의 암울했던 전망보다는 빠른 시간 안에 채취어업이 재개되었다. 이는 도산도의 채취어업이 갯벌보다는 상대적으로 기름제거가 쉬운 갯바위를 중심으로 했기 때문에 가능했다. 주민들의 진술에 따르면 바위나 자갈 밑에 있는 기름을 제외하고 갯바위 표면에 있던 기름은 상당 부분 제거되었다고 한다. 사고 발생 1년 후인 2008년 겨울철에 홍합 채취를 일부 재개했고 특별한 문제없이 판매했다. 그러나 마을주민들은 오염 지역이라는 훼손된 이미지 때문에 낚시꾼과 관광객의 방문이 예전 수준으로 회복되기까지는 채취어업의 재개보다 더 많은 시간이 필요할 것으로 전망했다.

(2) 하전2리

하전2리는 굴 양식 마을이다. 양식어업은 경작적 성격이 강하기 때문에 일정 수준의 자본과 노동력이 필요하다는 점에서 채취어업보다 진입장벽이 높다. 하지만 채취어업보다 높은 소득을 올릴 수 있고 수확과 판매가 휴어기나 농한기인 겨울철에 집중되기 때문에 노동력을 효율적으로 이용하여 소득원의 다각화를 꾀할 수 있는 장점이 있다. 그러나 12월 7일, 8일 양일간 갯벌과 양식장을 덮친 기름으로 수확

중이던 모든 굴이 폐사하고 양식장 시설도 오염되었다. 사고 당시는 굴 수확과 판매가 한창 이루어지는 시기였으나 사고로 인해 전면 중단되었다. 이후 2차 오염을 막기 위해 오염된 양식장 시설도 모두 철거했는데, 이를 가리켜 한 주민은 "밥 먹을 수 있는 밥통이 없어졌다"며 울분을 토했다. 그리고 어촌계에서 공동으로 경영하는 해삼과 전복 어장도 오염되면서 어촌계원들에게 배당금을 전혀 분배하지 못했다.

하전2리 주민 중에는 양식어업과 어선어업을 겸하는 가구가 많다. 그러나 하전마을의 풍부한 굴 양식은 상대적으로 어선어업에 대한 투자를 위축시켜왔다. 동원할 수 있는 자원의 양이 적은 영세어민들의 입장에서 보면 굴 양식업은 어선어업보다 적은 투자로 안정된 소득을 얻을 수 있는 경제활동이기 때문이다. 하전2리에 오래전부터 항구가 있었음에도 어선 규모가 그리 크지 않다는 사실이 이를 증명해준다. 따라서 도산도와 마찬가지로 하전2리 주민 또한 주로 굴 양식장에서 이용하는 소형 선외기를 이용하여 2km 이내의 마을 연안바다에서 조업해왔다. 하지만 경제활동이 왕성한 청장년층의 인구비율이 높은 관계로 도산도와 비교하면 조업이 매우 활발한 편이었다.

농사는 하지 않고 굴 양식어업과 2톤 미만의 소형 어선어업만을 했던 한 주민은 봄·가을철의 경우 한 달에 20~23일 정도 조업을 나갔다고 한다. 17~18시 사이에 바다로 나가서 그물을 치고 다음날 아침에 걷으러 가는 방식으로 조업했는데, 기름 값을 제외하고 하루 평균 10~20여만 원의 수익을 올렸다고 한다. 하지만 사고 이후 이러한 소형 어선들은 오염되지 않은 바다로 나갈 수 없기 때문에 고기잡이가 거의 중단되었다. 설문조사에서도 2톤 미만의 선박소유자 중 85%가 사고

〈표 4-2〉 하전2리 어업과 관광업의 중단 여부(단위: 가구, %)

구분		중단	축소	합계
굴 양식업		43(100.0)	-	43(100.0)
어선어업	2톤 미만	17(85.0)	3(15.0)	20(100.0)
	2톤 이상	1(14.3)	6(85.7)	7(100.0)
관광업(숙박과 식당)		8(72.7)	3(27.3)	11(100.0)
합계		26(68.4)	12(31.6)	38(100.0)

이후 조업을 중단했다고 답변했다(<표 4-2> 참조). 따라서 2008년 9월 3일 지방정부에서 태안군 전역에 걸쳐 조업 재개를 공식적으로 선언했지만, 마을 연안바다에서 조업하는 대다수의 소형 어선은 실제로 조업하지 못했다.

2008년 9월 이후 마을 연안바다에서 조업을 재개한 일부 주민들의 진술을 들어보면, 사고 이전에 비해 어획량이 크게 줄어들었기 때문에 조업을 해도 기름 값을 제외하면 남는 게 없다고 한다. 사고 이전에는 소형 어선도 마을 연안에서 100kg씩 주꾸미를 잡았는데 사고 이후에는 5kg도 잡기 힘들다고 한다. 따라서 하전2리도 굴 양식업의 피해를 어선어업이 완충시켜주지 못하고 있다. 농업 규모 또한 영세하여 어가 경제에 실질적인 도움을 주지 못하는 형편이다.

관광업과 관련된 숙박업과 음식점 영업도 크게 위축되었다(<표 4-2> 참조). 2008년 마을의 주요 관광자원인 ○○포와 ○○해수욕장이 오염문제로 개장하지 못하면서 마을의 민박과 식당들이 휴업에 들어갔다. 사고 이후 일부 펜션과 식당은 영업을 계속 했지만 관광객을 상대로 한 것이 아니라 자원봉사자나 자매결연 차원에서 마을을 방문한 기업체 직원들을 대상으로 한 것이었다. 즉, 사고 이전과는 전혀 다른 목적으로 마을에 방문하는 사람을 대상으로 한 일시적인 영업이었다. 따라서 하전2리에서 오염되지 않은 먼 바다로 나가 조업할 수 있는 어선을 소유하거나 일부 펜션과 식당을 운영하는 소수 주민들을 제외하고 대다수 주민들의 경제활동은 전면 중단되었다고 볼 수 있다. 마을 사정에 밝은 새마을 지도자는 사고 이후 단 일곱 척만이 먼 바다에 나가서 조업했다고 한다.

사고 이후 양식어업은 회복될 기미를 보이지 않고 있다. 무엇보다 기름제거가 까다로운 갯벌에 양식장이 있기 때문이다. 사고 발생 후 1년이 지난 시점에도 갯벌의 게 구멍을 밟으면 물과 기름이 섞여 나오고 호미나 삽으로 파보면 기름을 쉽게 발견할 수 있다. 이러한 상황 속에서 굴살을 설치하고 양식을 재개한다고 해도 굴의 안정성을 보장할 수 없어서 오히려 상황이 더욱 악화될 수 있다. 기름을 제거하고 2009년 6월부터 굴 양식을 시작한다고 하더라도 양식 굴의 생산주기를 고려할 때 2011년 9월경이나 판매 가능한 굴을 수확할 수 있다.[1] 즉, 2009년에 굴 양식업을 재개하더라도 2년 동안 굴 소득이 없는 상태가

---

[1] 양식 굴의 생산 과정은 채묘, 단련, 수하, 양성, 수확의 5단계로 구분되며 양질의 굴을 얻기 위해서는 2년 이상의 시간이 필요하다.

구분	설명	시기
채묘	굴 껍질에 포자 붙이기	6월~8월
단련	굴 유생(씨앗)을 일정시간 햇볕에 노출시켜, 성장을 억제시키면서 건강한 굴만을 얻기 위하여 단련시키는 과정	9월~다음해 4월
수하	어장에 굴을 거는 작업	5월
양성	자연해수에서 일정기간 동안 성육 시키는 과정	6월~다음해 4월
채취	판매를 위해 굴을 수확	9월~다음해 5월

자료: 굴 수하식 수산업협동조합 홈페이지(www.oyster.or.kr)에서 재구성.

〈표 4-3〉 사고 이후 하전2리 경제활동의 재개 시점

구분		2007년 12월 7일	2008년 4월 1차 조업재개	9월 태안군 전역 조업재개	12월 이후
양식어업		중단	중단	중단	중단
어선 어업	2톤 미만	중단	중단	중단	중단
	2톤 이상	중단	중단	재개	재개
관광업		중단	중단	중단	중단

지속되는 것이다. 현재로서 양식업을 재개할 가능성도 희박하지만 재개한다고 하더라도 사고 이전과 같은 규모의 굴 어장은 경작할 수 없을 것으로 보인다. 따라서 현재는 언제 굴 양식업이 사고 이전의 상황으로 회복될 수 있을지 그 시점을 예상하기 어렵다.

(3) 월산1리

월산1리는 어선어업, 관광업, 채취어업, 농업, 일용노동 등 다양한 경제활동이 이루어지고 있을 뿐 아니라 겸업의 비중이 낮아 직업집단 간의 경계가 뚜렷한 편이다. 특히 앞의 두 마을과 비교하면 어선어민과 관광업소를 운영하는 주민들은 겸업비중이 극히 낮다. 반면 농업, 채취어업, 일용노동 사이에는 활발한 겸업관계가 나타나고 있어 이들의 경제활동 또한 직간접적인 경로를 통해 바다환경과 연결되어 있다.

기름유출사고로 어선어업과 관광업이 직접적인 피해를 당했다. 월산1리 어선어업은 9월 3일 조업을 재개하기 전까지 9개월 동안 고기잡이를 할 수 없었다. 오염이 덜한 다른 지역에서 4월 초부터 조업을 재개한 것과 비교하면 그들보다 5개월 더 고기잡이를 하지 못한 것이다. 관광업 또한 해수욕장과 같은 자연경관보다 신선한 해산물 먹을거

〈표 4-4〉 월산1리 어선어업과 관광업의 중단 여부(단위: 가구, %)

구분	중단	축소	합계
어선어업	5(26.3)	14(73.7)	19(100.0)
관광업(식당과 숙박)	6(40.0)	9(60.0)	15(100.0)
합계	11(32.4)	23(67.6)	34(100.0)

리를 바탕으로 하고 있었기 때문에 조업 재개에 맞춰 9월부터 문을 열기 시작했다. 사고 이전과 비교하면 대폭 축소되었지만 그래도 앞의 두 마을과 비교하면 경제활동이 빨리 재개된 편이다. 설문조사에서도 경제활동을 재개했다는 응답이 어선어업 73.7%, 관광업 60%로 높게 나타났다(<표 4-4> 참조). 이러한 이유는 무엇보다 어선 규모가 커서 오염되지 않은 바다에 나가 조업할 수 있었기 때문이다. 관광업 또한 전문화 수준이 높아 영업하지 않을 경우 다른 대체 생계수단이 없을 뿐 아니라 미래에 대한 기대를 하고 현재의 손실을 일부 감수할 만큼의 자본을 축적하고 있었기 때문에 가능했다.

그러나 월산1리에서는 경제활동의 재개와 수익이 별개의 문제였다. 어선어업은 자본투자가 크게 필요하기 때문에 채취어업처럼 활동을 재개한다고 해서 바로 수익으로 연결되지 않는다. 즉, 자본투자가 커서 수익을 위해서는 일정 수준의 어획량을 확보해야만 한다. 하지만 사고 이후에 어획량이 급감하면서 9월 이후 출어한 어선들은 투자비용조차 만회하지 못한 경우가 많았다. 기름유출사고가 나던 해에만도 태안군의 대표적인 고급 어종인 꽃게로 5톤급 어선들이 1억 5,000만 원에서 2억 원 상당의 매출액을 올렸다고 한다. 그러나 사고 이후, 이전 수준의 3분의 1에도 미치지 못할 정도로 어획량이 크게 줄어들었다. 한 어민은 사고 이후 조업시간을 늘렸는데도 기름 값과 여타의 부대비용을 제외하고 나면 적자라고 했다. 특히 외부 노동력을 고용한 선주의 적자 폭은 더 컸다. 마을 인근의 연안 어장뿐 아니라 상대적으로 거리가 먼 어장까지 어획량이 크게 줄어든 것이다. 눈에 보이는 기름이 제거되자 겉으로 보기에는 사고 이전의 모습을 회복한 듯했지만 어업피해는 장기화될 조짐을 보이고 있었다.

관광객도 급격하게 줄어들었다. 9월부터 식당 영업을 시작했지만 대부분 개점휴업 상태였다. 한 식당은 사고 이전에 150만 원 하던 상가 월세가 사고 이후 80만 원으로 줄었는데도 월세를 제때 내지 못했다. 횟집을 운영하는 한 상인의 진술로는 사고 이전에 비하면 손님이 10분의 1 수준에도 미치지 못한다고 한다. "기름을 제거했다고 하지만 누가 조금이라도 의심스러운 데 와서 자기 돈 내고 회나 매운탕을 먹겠느냐?"고 하소연했다. 숙박업도 크게 위축되었다. 월산1리에서 규모가 가장 크고 장사가 잘되던 숙박업소는 2억 원 이상을 유지하던 연매출이 사고 이후 1억 원 이하로 급감했다. 월 관리비가 500~600만 원 정도 들어간다는 점을 고려하면 성수기를 제외한 비수기에는 적자를 보고 있다고 할 수 있다. 자원봉사자들이 다시 한 번 방문해줄 것이라는 주민들의 기대와 달리 "자원봉사는 자원봉사고 가족과 같이 즐기는 피서는 피서였다(정낙추, 2008)."

어선어업과 관광업을 제외한 다른 경제활동 간에는 활발한 겸업관계가 나타난다. 농지 규모가 크거나 바다 일을 할 수 없거나 관심이 없는 주민들은 농업에만 종사했지만, 상당수 농가는 맨손어업과 어선어업 및 관광업에서 파생된 일용노동을 겸하며 생계를 유지해왔다.

〈표 4-5〉 사고 이후 월산1리 경제활동의 재개 시점

구분	2007년 12월 7일	2008년 4월 1차 조업재개	9월 태안군 전역 조업재개	12월 이후
어선어업	중단	중단	재개	재개
관광업	중단	중단	재개	재개
일용노동 채취어업	중단	중단	중단	중단

따라서 "농민들은 농사를 짓기 때문에 바다와 관련이 없고, 기름유출사고로 인한 피해도 없다"고 단정할 수 없다. 정도의 차이는 있지만 경제적 피해는 선주와 관광업자만의 문제가 아닌 것이다. 특히 영세농민은 자신들이 "쌀 몇 가마 안 사먹는" 정도일 뿐 질적인 차원에서의 경제적 피해는 어선어민 및 관광업자와 별반 다를 것이 없다고 주장했다. 1순위 경제활동을 농업이라고 답변한 주민들이 사고 이후 소득이 많이 줄었다고 답변한 것도 이러한 이유 때문이다(<표 4-8> 참조). 즉, 공동체가 하나의 체계라는 점에서 부분이 붕괴하면 공동체 전체가 영향을 받게 되는 것이다.

2) 경제생활의 변화

(1) 도산도

도산도 주민 중에서는 사고 이전의 소득 수준을 제대로 파악하지 못하는 경우가 많았다. 포획·채취한 생산물을 비정기적으로 판매해왔고, 자녀들의 출가로 경제 단위가 개인이나 부부로 축소되면서 계획적인 가계 운영의 필요성이 줄어들었기 때문이다(김도균·이정림, 2008).

〈표 4-6〉 도산도 경제생활의 변화(단위: 가구, %)

척도 문항	거의 없다	많이 줄었다	약간 줄었다	변화 없다	약간 늘었다	많이 늘었다	합계
소득	13(92.9)	1(7.1)	-	-	-	-	14(100.0)
지출	-	10(76.9)	-	1(7.7)	2(15.4)	-	13(100.0)
부채	9(69.2)	-	-	2(15.4)	-	2(15.4)	13(100.0)

주: 1순위 경제활동을 기준으로 함.

또한 도산도 주민들은 비록 다른 두 마을보다 소득 수준은 낮았지만 노년기에 스스로 생계를 책임지고 있다는 것에 높은 만족감을 드러냈다. 그러나 기름유출사고 이후로는 마늘농사를 제외한 어업소득이 전혀 없는 실정이다(<표 4-6> 참조). 이는 대다수 도산도 주민들의 소득원이 환경오염에 취약한 채취어업에 의존하고 있었기 때문에 나타난 현실이다.

사고 이후 소득 감소로 인한 경제적 고충은 지출을 줄여 해결하고 있었다. 섬 밖에 나가지 않으면 돈 쓸 일이 없어서 일부러 외출하지 않는다는 주민도 있었다. 하지만 또 다른 주민들은 유독성 기름에 장기간 노출된 까닭에 건강이 악화되어 병원비를 충당하느라 지출이 더 늘었다고 진술했다. 사고 이후 가장 중요한 어업소득을 상실했음에도 부채가 늘었다는 응답은 단 두 가구에 불과했다. 사고 이후 지급된 생계비, 방제작업과 공공근로 인건비 등이 일정하게 이를 완충시켜주었다. 그러나 사고 이후 부채가 많이 늘었다고 응답한 두 가구의 경우 자본투자가 높은 어선어업을 하고 있다는 사실을 주목해서 볼 필요가 있다.

(2) 하전2리

하전2리 또한 기름유출사고 이후 어업활동에서 나오는 소득이 거의 없는 실정이다. 따라서 도산도와 마찬가지로 사고 이후 소득이 급감했다(<표 4-7> 참조). 응답자의 66.7%가 사고 이후 어업소득이 없다고 응답했다. 어선어민보다 양식, 관광, 채취어업에 종사하는 주민의 소득이 더 크게 축소된 것으로 나타났다. 이는 고정된 어장에서 이루어지는 양식어업이 상대적으로 어장 이동이 자유로운 어선어업보다 기름유출사고에 더 취약하다는 사실을 보여준다. 사고 이전에 하전2리 주민의 주요 소득원이었던 굴은 크고 맛이 좋아 판매에 문제가 없었다고 한다. 중개업자들을 통해 판매하기도 하고 김장철이나 명절 경에는 관광객들이 단체로 와서 구매하거나 택배로 판매했다. 판매가 잘되었기 때문에 부지런히 하면 여성 혼자서도 1년에 2,000만 원의 소득을 올릴 수 있었다고 한다.

사고 이후의 소득 감소는 개별 가구의 경제활동과 관련되어 나타났지만 지출과 부채 증가는 특별한 관련성이 없었다. 소득 감소로 인한 경제적 고충을 지출을 줄임으로써 해결한 주민(34.1%)보다 사고 이후에도 지출이 늘었거나 변화가 없다고 응답한 주민(65.0%)이 더 많았다. 사고 이후 전체 주민을 기준으로 보면 부채가 24.1% 증가했는데, 사고 이전에 부채가 있었던 사람들을 기준으로 하면 50%나 증가했다. 하전2리의 응답분포는 앞의 도산도와 다른 결과를 보인다. 도산도에 비해 청장년층 인구가 많아 자녀양육을 책임진 가구가 더 많기 때문이다. 즉, 개인적 소비는 줄일 수 있지만 농어촌 가구에서 현금 지출의 가장 많은 부분을 차지하는 자녀교육비는 줄일 수 없었기 때문이다. 대학생

〈표 4-7〉 하전2리 경제생활의 변화(단위: 가구, %)

척도 문항	없다	많이 줄었다	약간 줄었다	변화 없다	약간 늘었다	많이 늘었다	합계
소득	40(66.7)	20(32.8)	-	-	-	-	60(100.0)
- 어선어업	3(37.5)	5(62.5)	-	-	-	-	8(13.3)
- 양식어업	31(72.1)	12(27.9)	-	-	-	-	43(71.7)
- 맨손어업	2(66.7)	1(33.3)	-	-	-	-	3(5.0)
- 관광어업	3(75.0)	1(25.0)	-	-	-	-	4(6.7)
기타	1(50.0)	1(50.0)	-	-	-	-	2(3.3)
지출	-	14(24.6)	6(10.5)	35(61.4)	1(1.8)	1(1.8)	57(100.0)
부채	28(51.9)	1(1.9)	2(3.3)	10(18.5)	10(18.5)	3(5.6)	54(100.0)

주: 1순위 경제활동을 기준으로 함.

자녀를 둘이나 둔 한 주민은 "암담하다"는 말로 현재 자신의 경제적 고충을 호소했다. 그리고 사고 이후 경제적인 어려움으로 대학을 휴학하고 군대에 간 학생도 있었다. 마을 사정에 밝은 새마을 지도자의 진술에 따르면 사고 발생 후 1년 정도가 지나면서 경제적인 어려움으로 배를 팔거나 팔려는 주민들이 늘어나고 있다고 한다.

(3) 월산1리

소득 감소는 경제활동별로 차이가 있지만 사고로 인한 피해가 어선어업과 관광업을 넘어서 마을 전체에서 나타났다(<표 4-8> 참조). 주민들의 경제활동이 맨손어업이나 일용노동을 통하여 바다환경과 직간접적으로 연결되어 있기 때문이다. 그러나 사고 이후 소득이 '거의 없다'는 답변은 28.2%로, 도산도 92.9%, 하전2리 66.7%에 비하면 매우 낮은 수치이다. 사고 이전과 비교하면 경제활동이 극도로 축소되었지

〈표 4-8〉 월산1리 경제생활의 변화(단위: 가구, %)

구분	없다	많이 줄었다	약간 줄었다	변화 없다	약간 늘었다	많이 늘었다	합계
소득	24(28.2)	60(70.8)	1(1.2)	-	-	-	85(100.0)
- 어선어업	3(14.3)	18(85.7)		-	-	-	21(24.7)
- 농업	2(16.7)	9(75.0)	1(8.3)	-	-	-	12(14.1)
- 맨손어업	9(56.3)	7(43.8)		-	-	-	16(18.8)
- 해녀	2(40.0)	3(60.0)	-	-	-	-	5(5.9)
- 관광업	5(42.9)	8(57.1)	-	-	-	-	14(16.5)
- 일용노동	3(23.1)	10(76.9)	-	-	-	-	13(15.3)
- 기타 상업	-	4(100.0)	-	-	-	-	4(4.7)
지출	-	34(39.5)	8(9.3)	37(43.0)	5(5.8)	2(2.3)	86(100.0)
부채	30(38.8)	1(1.3)	-	10(12.7)	20(25.3)	18(22.8)	79(100.0)
- 어선어업	7(35.0)	-	-	1(5.0)	6(30.0)	6(30.0)	20(25.3)
- 농업	3(30.0)	-	-	3(30.0)	3(30.3)	1(10.1)	10(12.7)
- 맨손어업	8(57.1)	-	-	-	2(14.3)	4(28.6)	14(17.7)
- 해녀	2(40.0)	-	-	1(20.0)	-	2(40.0)	5(6.3)
- 관광업	2(15.4)	-	-	2(15.4)	4(30.7)	5(38.5)	13(16.5)
- 일용노동	6(42.0)	-	-	3(21.4)	5(35.7)	-	14(17.7)
- 기타 상업	2(66.7)	1(33.3)	-	-	-	-	3(3.8)

주: 1순위 경제활동을 기준으로 함.

만 9월 이후 어선어업과 관광업이 일부 재개되었기 때문이다. 따라서 소득 감소에 대한 주관적인 인식만 놓고 본다면 세 마을 중에서 월산1리의 경제적 피해가 가장 적었다고 할 수 있다. 그리고 소득 감소 이후 지출을 줄였다는 응답 비율도 높았지만 그렇지 않다는 응답도 51.1%를 차지했다. 이는 하전2리처럼 자녀양육에 책임을 지고 있는 청장년층이 많이 거주하고 있기 때문으로 판단된다.

사고 이후 소득 감소는 경제활동별로 고르게 나타난 반면 부채 증가는 어선어업과 관광업 분야에 집중되었다. 응답자 중 어선어업에서 60%, 관광업에서 69.2%나 부채가 늘었다고 답변하여 다른 경제활동에 종사하는 주민과 대조를 보였다. 이 분야들의 경우 높은 자본투자가 필요하기 때문에 다른 경제활동에 비해 부채 증가율이 높다. 어선어업의 경우 높은 소득을 올리기 위해서는 고급 장비와 고급 선원이 필요하기 때문에 자본투자가 높을 수밖에 없다. 관광업 또한 시설투자를 포함하여 지속적인 유지비용이 들어간다. 따라서 은행에서 많은 돈을 대출받아 사용한 경우 이번 기름유출사고처럼 갑작스러운 재난으로 인해 정상적인 경제활동을 하지 못한다면 그대로 부채 증가로 이어진다.

3) 경제적 자원의 변화

사고 이후 바다환경에 의존하는 경제활동이 중단되거나 크게 축소되면서 주민들은 자신들의 생계를 외부에서 투입되는 경제적 자원에 의존할 수밖에 없었다. 즉, 생계를 위한 경제적 자원이 내부 자원에서 외부 자원으로 대체된 것이다. 외부의 경제적 자원은 크게 두 번 지급된 생계안정자금과 같은 현금자원, 방제작업, 공공근로형태의 일자리 자원으로 구분할 수 있다.

도산도는 행정구역상 근흥면에 속한다는 이유만으로 B급지로 분류되어 1차 생계비의 경우 가구당 균등하게 350만 원, 2차 생계안정자금은 가구별로 차이가 있지만 평균 270만 원 정도를 지급받았다. 하전2리의 경우 1차 생계비는 가구당 균등하게 470만 원, 2차 생계비는 가구별로 차이가 있지만 평균 310만 원이 지급되었다. 월산1리는 앞의 두

⟨그림 4-1⟩ 기름유출사고 이후 주민들의 새로운 경제활동

구분	12월 7일	1월	2월	3월	4월	5월	6월	7월	8월	9월	10월	11월	12월
방제 작업													
공공 근로													
사회적 일자리													
굴살 철거													

마을과 다르게 1차 생계안정자금을 차등분배했는데, 어선어민과 관광업자에게는 550만 원, 나머지 주민에게는 470만 원이 지급되었다. 2차 생계비는 가구별로 차이가 있지만 평균 315만 원이 지급되었다.[2]

사고 이후 자연자원에 의존하던 주민들의 순환형 경제활동이 방제작업 및 공공근로형태의 일용노동으로 전환되었다. 사고 이후 방제작업은 가장 중요한 소득원이었을 뿐 아니라 생태계 복원과도 밀접하게 연관되어 있었기 때문에 외부에서 마을로 유입된 중요한 경제적 자원이었다. 방제작업은 오염 정도가 심한 도산도와 하전2리에서 월산1리

---

2) 하전2리와 월산1리의 2차 생계안정자금 평균값은 법정리에 지급된 생계안정자금의 총액을 세대수로 나누어 계산한 것이다. 하전리에 지급된 2차 생계안정자금은 345세대에 10억 8,000만 원, 월산리 622세대에 19억 4,000만 원이다. 월산리의 경우 다른 법정리와 다르게 1차 지급대상자(498세대)보다 2차 지급대상자가 많이 늘어났다. 1차 생계비는 거주지를 기준으로 지급되었지만 2차 생계비는 거주지뿐 아니라 사업장의 주소도 고려하여 지급했기 때문이다. 월산리 일대에는 유명 해수욕장과 규모가 큰 항구가 있어, 어선어업과 관광업을 목적으로 외지인이 운영하는 어선, 숙박 및 식당 등이 많이 있다.

보다 더 오랜 기간 진행되었다. 세 마을 모두 선주보험사 및 IOPC기금에서 방제인건비를 지급하는 방제작업의 경우 사고 발생 직후부터 시작하여 2008년 5월 26일경에 마무리되었고, 이후 6월 한 달간은 환경부의 지원을 받아 방제작업이 진행되었다. 그러나 6월 말경 해수욕장 개장을 앞두고 태안군 차원에서 긴급방제작업 종료를 선언하면서 방제작업이 중단되었다. 이후 도산도에서 10월과 12월, 2009년 3월, 하전2리에서 12월과 2009년 3월, 월산1리에서 9월경에 방제작업이 일부 재개되었다. 그리고 방제작업이 없던 나머지 기간에는 공공근로와 사회적 일자리 사업으로 생계를 유지했다.

하전2리에서는 다른 마을과 달리 굴 양식장 철거작업이 20여 일간 진행되었다. 하전2리의 굴 양식은 갯벌에 쇠 말목을 박고 줄을 늘어뜨린 후 조개껍데기에 포자를 붙이는 지주식 양식방법을 택하고 있었기 때문에 오염된 쇠 말목을 제거하고 갯벌을 정화해야만 양식업을 재개할 수 있다. 굴살 철거작업에는 마을주민을 우선으로 참여시켜 생계에 도움을 주고자 했다. 이 외에도 이원면의 굴을 사들여 하전2리 주민들이 까서 판매하도록 하는 굴 판매촉진 전략사업(2008년 11월 12일~2009년 1월 30일)을 태안군이 추진하기도 했다. 그러나 굴 값이 내려가 타산이 맞지 않았을 뿐 아니라 이렇게 해서 버는 소득이 사고 이전 직접 굴 양식을 해서 버는 수익에 비하면 턱없이 부족하니 주민들의 의욕도 생기지 않아 일찍 중단되었다.

경제적 자원의 변화는 단순히 생계수단의 변화만을 의미하는 것이 아니다. 기존의 어업노동은 상품생산, 자급자족, 자기충족 등 다양한 이유로 수행되었지만 방제노동 등은 임금을 목적으로 하는 물질적 동기에서만 수행된다. 따라서 노동에서 오는 자기만족감이 상실되고 기존의 노동 과정에서 나타났던 호혜적 관계도 경제적 이기주의로 대체되면서 참여를 둘러싸고 주민 갈등이 발생한다.

2. 마을에 미친 사회적 영향

이번 기름유출사고 이후 어촌마을 내부에서 가장 뚜렷하게 나타난 사회적 영향은 갈등과 균열이 증가했다는 것이다. 하지만 재난이 공동체의 해체만을 낳는 것은 아니며, 재난에 대한 대응 과정에서 공동체의 연대가 강화되는 측면도 있다. 만일 갈등과 균열만을 강조한다면 공동체의 구성원들이 극히 이기적인 존재로 묘사되거나 공동체 해체가 과장되게 설명될 수가 있다. 따라서 사고 이후 사회적 영향은 갈등과 균열뿐 아니라 주민 협력에 관한 사항까지 다루는 균형 잡힌 접근이 필요하다.

1) 주민 협력과 주민 갈등

협력은 공동의 목표를 달성하기 위한 사회적 상호작용으로서 신뢰를 전제로 한다. 따라서 기름유출사고 이후에도 이웃 주민에 대하여 높은 신뢰 수준을 보였다는 사실은 이웃 주민이 갈등의 대상만이 아니라 상호협력의 대상임을 확인시켜준다. 사고 이후 태안 주민을 대상으로 신뢰도를 조사한 결과를 보면 이웃 주민에 대한 신뢰 수준이 매우

<표 4-9> 기름유출사고 이후 마을별 주민 협력(단위: 명, %)

구분	마을			합계
	도산도	하전2리	월산1리	
전혀 이루어지고 있지 않다	0(0.0)	14(28.0)	25(30.1)	39(26.7)
이루어지고 있지 않다	0(0.0)	16(32.0)	38(45.8)	54(37.0)
이루어지고 있다	6(46.2)	19(38.0)	18(21.7)	43(29.5)
매우 잘 이루어지고 있다	7(53.8)	1(2.0)	2(2.4)	10(6.8)
합계	13(8.9)	50(34.2)	83(56.8)	146(100.0)

$x^2=60.943$, df=6, p<0.001

높게 나타났다(이시재, 2008). 하지만 주민 간 협력 정도를 묻는 질문에 대해서는 '협력이 이루어지고 있다'(36.3%)보다 '협력이 이루어지고 있지 않다'(63.7%)는 응답이 월등히 높게 나와 실제의 주민 협력에 대한 인식 수준은 낮았다고 볼 수 있다(<표 4-9> 참조). 그러나 특이한 점은 마을별로 뚜렷하게 구분되는 응답분포를 보이고 있다는 것이다. 도산도(100%), 하전2리(40.0%), 월산1리(24.4%) 순으로 협력 수준을 높게 평가했다. 특히 도산도의 경우 다른 두 마을과 확연하게 구별할 수 있을 정도로 협력 수준이 높게 나타났다.

갈등에 관한 응답은 협력에 관한 응답과 정반대로 나타났다. '갈등이 있다'(80.5%)는 응답이 '갈등이 없다'(19.5%)는 응답보다 월등하게 높았다(<표 4-10> 참조). 마을별 응답분포를 보면 도산도(23.1%), 월산1리(80.5%), 하전2리(87.9%) 순으로 '갈등이 있다'는 응답이 낮았다. 하지만 '매우 심각한 수준이다'라는 응답에서는 월산1리(21.6%)가 하전2리(5.2%)보다 4배 가까이 더 높게 나타나 갈등의 심각성 혹은 강도의 경우 월산1리가 더 크다고 할 수 있다.

〈표 4-10〉 기름유출사고 이후 마을별 주민 갈등(단위: 명, %)

구분	마을			합계
	도산도	하전2리	월산1리	
매우 심각한 수준이다	0(0.0)	3(5.2)	19(21.6)	22(13.8)
심각한 수준이다	0(0.0)	28(48.3)	24(27.3)	52(32.7)
갈등이 있지만 심각하지는 않다	3(23.1)	20(34.5)	31(35.2)	54(34.0)
갈등이 없다	10(76.9)	7(12.1)	14(15.9)	31(19.5)
합계	13(8.2)	58(36.5)	88(55.3)	159(100.0)

$x^2=42.826$, df=6, p<0.001

이러한 통계적 차이는 면접 과정에서도 확인할 수 있었다. 도산도 새마을지도자는 사고 이후 주민들 사이에 서로 도우려는 마음이 더 많이 생겼다고 진술했다. 서로 위로하려는 마음도 있고, 사고 이전보다 마늘 밭 품앗이도 더 잘된다고 했다. 하전2리 대책위 관계자들 또한 마을 내부에 이런저런 갈등이 있지만 주변 마을과 비교해볼 때 마을주민들이 지도부를 잘 따라주고 있으며 주민 간에도 어느 정도 상호협력이 이루어지고 있다고 답변했다. 반면에 월산1리 대책위 관계자들과 주민들은 협력에 대해서 극히 회의적인 태도를 보였다.

마을별 협력 및 갈등의 수준 차이는 사고 이후 마을로 유입된 경제적 자원의 분배에 대한 공정성 여부와 밀접하게 관련되어 있었다. 사고 이후 세 마을에 공통으로 유입된 네 개 자원의 분배방식에 대하여 공정하다고 생각하는 주민들이 불공정하다고 생각하는 주민들보다 주민 협력에 대해서는 긍정적인 평가를, 갈등에 대해서는 부정적인 평가를 했다(<표 4-11> 참조).

마을별로 경제적 자원의 분배에 대한 공정성 여부에 대해 어떻게

〈표 4-11〉 경제적 자원의 분배와 주민 협력

구분		사례 수	주민 협력 평균	표준편차	자유도	t값
1차 생계안정자금 분배의 공정성	공정	52	2.58	.957	92.791	4.291*
	불공정	84	1.93	.788		
2차 생계안정자금 분배의 공정성	공정	56	2.50	.934	109.695	3.517
	불공정	78	1.96	.829		
방제작업 참여의 공정성	공정	90	2.33	.936	108.520	2.751*
	불공정	70	1.89	.787		
공공근로 참여의 공정성	공정	81	2.21	.932	111.160	1.441*
	불공정	47	1.98	.766		

*p<0.05, **p<0.01, ***p<0.001
주: 1점에 가까울수록 협력 수준이 약하고, 4점에 가까울수록 협력 수준이 높음.

생각했는지를 보면 모든 자원의 분배방식에서 도산도, 하전2리, 월산1리 순으로 공정하다는 응답비율이 높게 나왔다. 상대적으로 인구 규모가 작고 직업적 동질성이 높은 도산도, 하전2리, 월산1리 순으로 주민참여가 평등하게 이루어졌다. 그리고 이러한 마을일수록 자원분배에서 공정하다고 생각하는 주민들이 많았으며, 이는 마을의 협력과 갈등 수준에 대한 평가와도 일치했다(<표 4-12> 참조).

그러나 평균비교와 교차분석만으로는 어떤 경제적 자원의 분배가 주민 협력과 갈등에 결정적 영향을 미쳤는지 확인할 수 없다. 그래서 회귀분석을 해보았다(<표 4-13>과 <표 4-14> 참조). 분석 결과 오직 1차 생계비의 공정성 여부만이 주민 협력에 정(+), 주민 갈등에 부(-)의 영향을 미친 것으로 나타났다. 즉, 1차 생계안정자금 분배에 대해 공정하다고 생각할수록 협력의 정도가 높고 불공정하다고 생각할수록 갈등의 정도가 높았다.

〈표 4-12〉 마을별 경제적 자원의 분배에 관한 공정성 여부(단위: 명, %)

구분		마을			유의수준
		도산도	하전2리	월산1리	
1차 생계안정자금 분배의 공정성	공정	11(100.0)	20(37.2)	27(31.8)	$x^2=22.916$ df=4 p<0.001
	불공정	0(0.0)	31(58.5)	58(68.2)	
	대상 아님	-	2(3.8)	-	
2차 생계안정자금 분배의 공정성	공정	10(90.9)	24(45.3)	28(33.7)	$x^2=17.335$ df=4 p<0.001
	불공정	1(9.1)	27(50.9)	55(66.3)	
	대상 아님	-	2(3.8)	-	
방제작업 참여의 공정성	공정	12(100.0)	42(76.4)	44(53.7)	$x^2=14.896$ df=4 p<0.01
	불공정	0(0.0)	12(21.8)	37(45.1)	
	대상 아님	-	1(1.8)	1(1.2)	
공공근로 참여의 공정성	공정	8(72.7)	36(66.7)	44(53.0)	$x^2=14.858$ df=4 p<0.01
	불공정	0(0.0)	17(31.5)	33(39.8)	
	대상 아님	3(27.3)	1(1.9)	6(7.2)	

이상의 결과는 1차 생계비 분배를 기점으로 주민들의 주요한 갈등 대상이 사고책임자인 삼성과 사고관리자인 국가기관에서 공동체 내부로 전이되었다는 홍덕화와 구도완(2008)의 연구결과와도 일치한다.[3]

---

[3] 홍덕화와 구도완(2008)은 사고 이후 등장한 사회갈등의 진행 과정을 제1기 응급복구 시기(2007년 12월 7일~2008년 12월 말), 제2기 갈등폭발 시기(2008년 1월), 제3기 갈등의 제도화/내부화 시기(2008년 2월부터 현재)로 나누어 설명했다. 제1기에는 피해 주민이 삼성과 정부에 불만을 부분적으로 표출했지만, 환경복구에 모든 초점이 맞추어졌다. 그뿐만 아니라 당시 태안을 방문한 100만 명의 자원봉사자로 인해 '자원봉사자들이 만든 태안의 기적'이라는 프레임에 갇혀 의도하지 않았다 하더라도 갈등을 표출하는 것을 일정 부분 제어하는 효과가 있었다. 제2기는 응급방제가 어느 정도 마무리되면서 삼성과 정부를 대상으로 갈등이 폭발했던 시기이다. 당시에는 연이은 주민의 자살과 대규모 군중집회 등을 통해 삼성과 정부에 대한 태안 주민의 분노가 강하게

〈표 4-13〉 경제적 자원배분에 따른 주민 협력의 회귀분석

구분	비표준화된 계수		표준화된 Beta	t값
	기울기(B)	표준오차		
상수	1.903	.139		13.718***
1차 생계안정자금(공정)	.638	.313	.352	2.041*
2차 생계안정자금(공정)	-.116	.298	-.065	-.388
방제작업참여(공정)	.285	.246	.156	1.162
공공근로참여(공정)	-.190	.247	-.105	-.770

$R^2=0.107$ F비=3.526**
N=123, 종속변수: 주민 갈등
*p<0.05, **p<0.01, ***p<0.001

〈표 4-14〉 경제적 자원분배에 따른 주민 갈등의 회귀분석

구분	비표준화된 계수		표준화된 Beta	t값
	기울기(B)	표준오차		
상수	2.691	.098		27.503***
1차 생계안정자금(공정)	-.691	.159	-.353	-4.337***

$R^2=0.128$ F비=18.814***
N=123, 종속변수: 주민 협력
*p<0.05, **p<0.01, ***p<0.001

당시 1차 생계비는 사고의 충격, 암담한 현실과 예측할 수 없는 미래, 과도한 방제작업 때문에 몸과 마음이 지친 주민들에게 국가에서 처음

표출되었다. 그런데 제3기로 접어들면서 갈등의 대상이 외부 집단에서 공동체 내부로 전이되었다. 이러한 이유는 가해자에 대한 피해 주민들의 분노와 피해배상요구가 정부, 국회, 법원과 같은 국가기구의 시스템 안에서 제도화되었지만, 이 제도화된 시스템 안에서 갈등이 해소되지 못함으로써 갈등의 공동체 내부로 전이되었기 때문이다. 즉, 갈등관리자인 국가기관의 갈등관리 실패로 인해 외부 집단과의 갈등이 공동체 내부로 전이된 것이다.

으로 지원한 생계자원이었다. 그리고 다른 경제적 자원이 국가기관과 방제업체의 통제하에서 분배되었지만 1차 생계안정자금의 경우 마을에서 분배방식을 결정했다. 따라서 사고 초기에 지원되었던 1차 생계안정자금의 분배방식은 마을주민들 사이에서 가장 중요한 쟁점으로 부상했다.

　마을회의를 걸쳐 도산도와 하전2리는 균등분배, 월산1리는 차등분배하기로 했다. 즉, 생계안정자금이라는 동일한 경제적 자원이 마을별로 서로 다른 방식으로 지급된 것이다. "균등하게 준 부락이 조금 덜하고 차등으로 준 부락이 목소리가 나더라"라는 ○○면 관계자의 진술처럼 균등지급방식이 생계비를 공정하게 분배했다는 인식에 긍정적인 영향을 주었고, 이는 다시 주민 협력을 촉진하거나 역으로 갈등을 촉진시키는 데 일정한 영향을 미쳤다. 결국 1차 생계비 분배를 기점으로 공동체 내부로 갈등이 전이되면서 주민 갈등이 지역사회 내의 주요한 갈등의 형태로 자리 잡았다. 외부로 향하던 갈등의 방향이 지리적·사회적·심리적 거리가 가까운 마을 내부의 이웃 주민에게로 향했다.

2) 마을별 갈등의 양상과 정도[4]

(1) 도산도

① 1차 생계안정자금과 방제작업을 둘러싼 갈등

사고 초기에 가장 중요한 쟁점이었던 1차 생계비는 마을회의를 통하여 균등분배하기로 결정했다. 그리고 그 결정 과정에서도 심리적 대립이나 대립적 행동 없이 원만하게 합의가 이루어졌다. 여기에는 주민 간의 높은 직업적 동질성이 작용했을 뿐 아니라 섬 토박이들만 살고 있어 가치관의 충돌이 없었던 것도 한 이유이다.

이러한 과정은 방제작업에 참여하는 과정에서도 유사하게 나타났다. 사고 이후 어업활동이 중단되면서 방제노동은 피해 주민들에게 가장 중요한 생계수단이었다. 육지 마을에서는 방제작업이 진척되면서 직업, 연령, 세대 등을 기준으로 참여인원이 제한되었다. 하지만 도산도는 오염 지역이 넓어서 노동능력이 있는 모든 주민이 참여할 수 있었기 때문에 방제작업을 둘러싸고 갈등이 발생하지 않았다. 그리고 작업이 쉬운 마을 인근의 해안가에서 경사가 심한 계곡으로 작업장이 이동하

---

[4] 갈등은 적의, 분노, 불신과 같은 심리적 대립감과 말다툼, 비난, 물리적 충돌, 방해, 비협조 등과 같은 대립적 행동을 통해서 드러난다(조중현·심정선·김용근, 2008). 기름유출사고 이후 어촌마을에 나타난 가장 큰 사회적 영향은 주민 사이에 갈등이 크게 증가했다는 사실이다. 그러나 마을주민들이 오랜 시간 동안 전인격적인 관계를 유지해왔다는 측면에서 갈등이 물리적 충돌보다는 불신, 비난, 말다툼, 비협조 등과 같이 좀 더 은밀한 형태로 나타날 가능성이 크다.

면서 몸이 불편한 주민들이 자연스럽게 제외되어 방제작업에 참여하지 못한 주민들은 크게 불만을 드러내지 않았다.

② 삼성과의 자매결연을 둘러싼 갈등

사고 초기 여타 지역의 주민들처럼 도산도 주민 또한 삼성에 대하여 강한 불만과 불신을 표출했다. 그런데 2008년 9월경 삼성이 마을이장을 통해 자매결연을 요청했고 주민들이 이를 받아들였다. 이러한 갑작스러운 태도 변화는 당시 자신들의 미래를 예측할 수 없었던 암담한 현실에서 이루어진 역설적인 선택의 결과였다. 그들은 사고 이후 생계비의 분배 과정에서 섬사람인 자신들이 육지 사람들보다 차별받았다는 소외 의식을 강하게 느끼고 있었다. 그리고 이러한 소외 의식은 육지 사람과 섬사람을 구별하는 정체성을 더욱 강화시키고 독자적인 행동을 촉진시켰다. 그뿐만 아니라 방제인건비는 주민들에게 제때 지급되지 않았고, 방제작업이 중단되자 주민들은 외부의 경제적 지원이 언제든지 끊어질 수 있다고 판단했다. IOPC기금과 국가로부터 특별한 지원을 기대할 수 없는 상황에서 한국을 대표하는 삼성과의 자매결연은 이장의 진술처럼 "해서 손해 볼 게 없는" 전략으로 받아들여졌다.

삼성과의 자매결연 과정에서도 특별한 주민 갈등이 발생하지 않았다. 다음에 살펴볼 하전2리의 경우 삼성과의 자매결연을 둘러싸고 세대 간, 직업 간, 마을지도자와 주민 간에 다양한 갈등구도가 형성된 것과 비교하면 아주 조용한 분위기 속에서 자매결연이 체결되었다. 도산도의 높은 인구학적·직업적 동질성을 고려한다면 갈등의 행위주체가 존재하지 않았다고 볼 수 있다.

그리고 삼성과의 대화 통로인 마을지도자들 또한 마을주민과 동일하게 채취어업에 종사하고 있어, 자매결연을 통해 삼성으로부터 유입될 수 있는 자원이 이들에게만 집중되지 않을 것이라는 판단도 일정 정도 작용한 것으로 보인다. 마을지도자들이 어업 이외에 펜션 및 식당 등을 운영하고 있으면 주민들로부터 자신들의 이익을 위해 자매결연을 이용하고 있다는 의심을 받을 수 있기 때문이다. 현재까지 쌀, 이불 등 약간의 생필품을 지원받았을 뿐 자매결연을 통하여 마을주민이 특별히 경제적인 혜택을 받은 것은 없다.

(2) 하전2리
① 1차 생계안정자금, 방제 및 굴살 철거작업을 둘러싼 갈등
대다수 하전2리 주민은 굴 양식업에 종사하고 있어 바다에 대한 경제적 의존도가 높다. 따라서 마을회의를 통해 1차 생계비를 균등분배하기로 결정했다. 생계비를 둘러싼 갈등이 크게 폭발하지는 않았지만, 마을이장이 "나는 마을에서 평생 원수 졌다", "마을주민에게 하루에 모가지가 열 번 잘렸다 붙였다"라는 진술을 할 정도로 합의 과정이 순탄하지만은 않았다.

그리고 IOPC기금에서 방제인건비를 지급한 2008년 5월까지는 노동능력만 있으면 모든 주민들이 방제작업에 참여할 수 있었기 때문에 이를 둘러싸고 큰 갈등이 발생하지 않았다. 다만 원주민들이 외지에서 이주해온 외지인들에게 불만을 드러내는 수준이었다. 원주민들은 외지인들의 다양한 이주 목적과는 무관하게 노후생활이나 요양을 위해 이주한 집단으로 보았다. 따라서 원주민들의 입장에서 보면 직접 피해

자가 아닌 외지인들이 생계비를 지급받고 방제작업에 참여함으로써 자신들이 받아야 할 몫을 줄게 했다고 판단한 것이다. 하지만 외지인들은 자신들도 마을의 주민이기 때문에 생계비를 지급받고 방제작업에 참여하는 것이 당연하다는 반응을 보였다. 외지인들에 대한 심리적인 반감은 원주민들의 배타성 때문만은 아니다. 도시인들의 개인주의적 성향 그리고 자신들이 촌사람들보다 낫다는 문화적·심리적 우월감을 은연중에 드러냄으로써 서로 간의 편견을 강화시키고 있었다. 특히 마을의 오랜 숙원 사업인 마을 진입로 포장사업이 땅 소유자, 즉 도시 사람들의 양보가 없어 진척되지 않았다고 판단하여 이 땅의 소유자와 외지인을 동일시하여 반감을 드러냈다.

방제작업은 세대 간의 갈등도 불러왔다. 2008년 6월과 12월 국가기관에 의해 추진된 방제작업은 연령을 기준으로 참여인원을 제한했다. 6월에는 방제작업에 참여하지 못한 주민들은 공공근로사업에 참여했다. 하지만 방제작업 인건비(7만 원)가 공공근로 인건비(3만 5,000원)의 두 배였다. 따라서 노인들도 방제작업에 참여하기를 원했다. 그래도 이때는 방제작업에 참여하지 못하더라도 공공근로는 할 수 있었으므로 큰 갈등이 일어나지는 않았다. 그러나 12월에 공공근로가 중단되고 방제작업만 시행되자 당시 연령제한으로 방제작업에 참여하지 못한 마을주민들은 해당 기관인 국립공원관리공단을 찾아가 거세게 항의한 끝에 참여할 수 있었다.

국가기관의 관료적인 판단으로 마을노인들이 방제작업에서 제외되었지만, 그 과정을 수수방관한 젊은 세대들에게 갈등이 전이되었다. 타인에 대한 경제적 의존도가 높을 것이라는 고정관념과 달리 어촌마을의 노인들은 자신의 생계를 스스로 책임지는 독립적인 경제활동의 주체인 경우가 많다. 따라서 이들에게 방제작업에 참여하지 못한다는 것은 사고 이후 또 다른 생계수단의 상실을 의미했다.

연령기준을 따지더라고요. 그런데 그 기준이 어디서 나온 거냐? 우리나라 노동법에는 우리가 알기에는 100살을 먹었어도 노동능력이 있는 사람은 벌어먹게 돼 있고, 암것도 없는 사람들은 정부에서 먹여 살리게 돼 있지 않느냐. 그런데 왜 이런 기준을 따지느냐. 내가 법에 가서 한번 물어보겠다. …… 우리는 여기서 커가지고 그 피해를 다 보고, 굴이 어떻게 생긴지도 모르고 기름이 어떻게 퍼지는지도 모르는 놈들은 다 댕기면서 일해 먹고 오늘날까지 이 지방을 지켜온 사람들을 나이 먹었다고 소외시키고 …… 우리도 노동력이 얼마든지 있다. 이겁니다. 나이 70, 80 먹은 사람들도 노동력이 있다고, 그만큼 한다고요. …… 내가 답답해서 태안에 나갔죠. 태안 노무사에게 가서 우리는 모르니까 물어봤죠. 그래서 확인서 받아서 관리공단에 가서 항의했지요. 역시 틀리는 얘기가 없거든요. 그러니까 그때부터는 80세라도 노동력이 있는 사람은 한다. 그래서 작업을 했어요. 그렇게 소외를 보드라고요. 여기서 70, 80 먹은 사람들은요. 지금까지 이 고장을 지켜오고 이 고장을 발전시킨 사람들이라 말이죠. 그런데 그렇게 무시를 당하고 …… 나이 젊다고 다 들어가고 그 사람들이 일합니까. 오히려 늙은이만도 못하지(하전2리 남, 75세).

굴살 철거작업 과정에서는 계층 간의 소외현상이 나타났다. 2차

오염을 방지하고 굴 양식업을 재개하기 위해 오염된 굴살을 철거하는 작업이 진행되었다. 그리고 철거작업에 마을주민들을 우선적으로 참여시켜 생계에 도움을 주고자 했다. 하지만 작업 과정에서 어선을 소유한 주민과 아무런 장비도 소유하지 못한 주민 사이에 수입의 불균형이 발생했다. 5톤급 어선을 동원할 수 있는 주민들은 하루에 50만 원의 소득을 올릴 수 있었고 경운기나 작은 배가 있는 주민들도 장비대금을 지급받았다.5) 하지만 아무런 장비가 없는 주민들은 9만 원의 인건비만 지급받았다. 당시 마을지도자들은 굴살 철거작업이 야간에 이루어지고 작업이 위험하기 때문에 방제작업보다 더 높은 일당을 요구했으며 태안군 또한 이를 수용했다. 당시 협상 과정에 참여했던 한 마을지도자의 진술에 따르면 큰 배 뿐 아니라 작은 뗏마와 경운기까지 장비에 포함시켜 "어떻게 하면 조화롭게 할까"를 고심했다고 한다. 그러나 "장비가 없어 장비를 동원하지 못한 분들에게 죄송한 마음은 있지만 자신들이 어떻게 할 수 없는 부분"이라는 것이다.

 장비가 없어 장비대금을 받을 수 없거나 적게 받은 주민들은 사고 이전에도 마을의 계층구조에서 하층에 위치한 주민이었다. 사고 이전부터 규모가 큰 어선을 운영하면서 마을의 계층구조에서 상층을 차지했던 주민들은 굴살 철거작업 과정에서도 유리한 위치를 차지했다. 마을지도부의 의도와 관계없이 사고 이전의 불평등한 상황이 사고 이후 경제적 자원의 분배에도 불평등한 영향을 미친 것이다. 그러나

---

5) 사고 이전에 낚싯배로 대여할 경우 하루 50만 원을 받았다는 점을 고려하면 높게 책정된 금액은 아니다.

이러한 차별에도 하전2리는 주민들 사이의 높은 직업적 동질성 덕분에 사고 이후 새로운 경제적 자원의 분배가 평등하게 이루어진 편이다. 따라서 경제적인 자원을 둘러싼 갈등이 크게 폭발하지 않았을 뿐 아니라 시간이 지나면서 완화되는 경향을 보였다.

② 삼성과의 자매결연을 둘러싼 갈등

삼성중공업과의 자매결연은 마을지도부 간, 세대 간 그리고 마을지도부와 마을주민 간의 갈등을 불러일으켰다. 국가 및 IOPC기금 측의 방제작업이 마무리되어가던 6월경, 삼성중공업이 중장비를 동원해 방제작업을 도와주겠다는 의사를 마을에 전달하면서 마을과의 접촉이 시작되었다. 당시 일부 주민들이 반대의사를 표명했지만 해안가에 있는 기름을 제거하는 것이 급했기 때문에 받아들이기로 했다. 그리고 한 달이 지난 7월 11일, 마을교회에서 삼성중공업과 하전2리 사이에 자매결연이 체결되었다. 당시 이 사건은 태안군 전체의 이목을 집중시켰다. 삼성중공업의 책임을 묻는 민사·형사재판이 진행되고 있었으며, 책임을 최소화하려는 삼성의 회피전략으로 인해 태안 내에서 삼성에 대한 반감이 강하게 존재하고 있었기 때문이다.

하전2리가 삼성중공업과 자매결연을 체결한 배경은 도산도와 크게 다르지 않다. 증거자료만 요구하는 IOPC기금으로부터는 자신들이 피해를 본 만큼 배상받을 수 있다고 확신할 수 없었다. 정부 또한 주민들의 경제적 위기가 장기화되고 있음에도 주민들의 생계지원을 위해 특별한 대안을 제시하지 않았다. 따라서 마을주민들은 삼성중공업과의 자매결연을 통하여 이런 불확실한 상황에서 조금이라도 벗어나고자 했다.

그런데 자매결연을 논의하는 과정에서, 반대 입장을 취했던 어촌계장을 중심으로 한 마을의 젊은 세대가 배제되고 이장과 새마을지도자를 중심으로 한 마을의 원로세대가 중심이 되었다. 따라서 자매결연을 둘러싼 마을지도부의 균열은 지도부의 균열을 넘어 세대갈등과 중첩된 형태로 나타났다. 자매결연 행사 당시 마지못해 참석하여 고개를 숙이고 앉아 있던 어촌계장의 모습이 당시 이 자매결연을 반대했던 젊은 세대의 심정을 잘 보여준다.

> 저희가 삼성하고 자매결연을 맺게 된 동기도 방제인건비 빼고서 보상을 주겠다고 하니, 보상 어려울 것 같다는 생각이 들어요. 그렇다면 그 후에 정부에서 세금을 걷어서 보상 준다는 것도 굉장히 어려운 얘기고 …… 그런 쪽으로 얘기를 많이 하더라고요. 세금 걷어서 보상 후하게 준 데 없다는 얘기여. 강원도에서 물난리 났어도 하나 보상 없다는 거여. 그런 걸 보더라도 호락호락 보상이 안 된다는 얘기를 하더라고요. 가만히 따져 보니까, 살길은 '삼성이 아니면 하전은 살길이 없다.' 어떻게든 삼성을 비비고 들어가서 붙잡아서. 우리들 먹고살게끔 하도록 자매결연을 맺은 겁니다. 그런 목적으로 맺었지, 걔들 사탕발림에 절대 넘어가지 않습니다. 지난번에서도 한 번 가서 항의했어요. 그런데 어쨌든 지금도 개네들은 재판에서 50억, 우리 보험 들은 것은 이거밖에 없다. 예를 들어서 자동차 사고 나면 보험 들면 보험처리하고 말잖아요. 법적으로 그러잖아요. 그렇다면 어떻게 할 거냐. 우리가 걔들 두드려 넘긴다고 해서 불 지른다고 해서 명분 없이 몇천억 내놓겠어요. 삼성하고 자매결연 맺고 붙잡아 놓아가지고 지역에 공장을 세워서 주민들이 들어가서

먹고살 수 있는 그런 방법을 추진하고 있어요. …… 삼성중공업 식당에 물품공급을 추진하려고 하는데, 마을에다 공장 짓기는 보존관리 지역으로 지정되어 있어 현실적으로 힘들 거 같고……(하전2리 남, 40대 후반).

저는 반대 입장에 있었지만 …… 동네주민들의 의결하에 하는 일이니까. 내 마음대로 할 수 있는 일도 아니고 그 부분이 글쎄요, 주변 이야기를 들어보면 자신들 면책특권을 만들고자 하는 부분이 있다고 보는데. 사실상 우리가 그분(삼성—필자 주)들에게 원하는 것도 없지마는 당장 뭘 해달라고도 할 수 없는 부분도 있고, 우리만 피해자도 아니고 …… 글쎄요. 반대한 부분들은 젊은 분들은 대부분 …… 마을 어르신들 위주로 의견조율이 많이 됐고, 그런 위주로 …… 개발위원회에서 상정을 해서 마을회의에서 결의했나 보더라고요. 어느 총회에서 결의를 했나 모르겠네. 무슨 잔치라든가 그런 자리에서 주민들 다 모였을 때 …… 사실상 그런 중요한 회의는 잔치하는 자리보다는 얘기를 면밀히 들어야 하는데. 우리 마을회의만 해서는 안 되고 주변 마을과도 상의하고, 꼭 우리 마을만의 문제는 아니니까. 시간을 두고 했어야 하는 부분인데. …… 주민들이 찬성을 했기 때문에 한 거고, 어차피 찬성을 안 해도 과반수 이상 결의해서 할 수 있으면 하는 부분이니까 …… 마을회의 그 자리에도 없었어요. 자매결연 행사날도 저는 안 들어가겠습니다. 왠지 그러네요 했어요. ○○ 안 오면 못 하거네. 그냥 진행하세요, 했는데 …… 그냥 가서 앉아 있었지요(하전2리 남, 38세).

또 다른 주민들은 이를 펜션과 식당을 운영하는 일부 마을지도자들과 양식업에 종사하는 주민 사이의 갈등으로 보았다. 자매결연을 추진한 핵심 지도자들이 마을에서 가장 규모가 큰 펜션과 식당을 운영했기 때문이다. 자매결연을 추진한 마을지도자들의 의도와는 관계없이 이들이 펜션과 식당을 운영하고 있다는 이유로 이들의 순수성을 의심받고 있었다. 삼성중공업 직원들이 마을에서 방제를 위한 자원봉사활동을 하거나 휴가를 보내러 왔을 때 시설이 불편한 민박보다는 시설이 좋고 깨끗한 이들의 업소를 주로 이용했기 때문이다. 주민들은 그 과정에서 객관적인 사실 여부와 관계없이 이들이 큰 경제적인 혜택을 보았다고 판단했다. 즉, 자매결연의 찬반 여부를 둘러싸고 마을지도부 간의 갈등 및 세대 간의 갈등이 발생했다면 자매결연의 결과를 놓고는 마을지도부와 주민 사이에서 갈등이 발생한 것이다. 일부 주민들의 비난을 받으면서까지 자매결연을 체결했음에도 피부로 느끼는 특별한 혜택이 없다는 사실이 판단되면서 찬성했던 주민들도 후회하는 심정을 내비쳤다.

(3) 월산1리: 1차 생계안정자금과 방제작업을 둘러싼 갈등

월산1리는 1차 생계비를 차등지급했다. 결정 과정에서 선주와 관광업자들은 차등분배를 주장했지만 나머지 주민들은 균등분배를 주장하면서 두 집단 간의 격렬한 갈등이 발생했다. 월산1리 주민들은 도산도와 하전2리 주민들에게서는 듣지 못했던 격한 표현들을 써가면서 사고 이후 마을 내부의 갈등 상황을 묘사했다.

> 마을분위기는 서늘해요. 아휴, 뱃사람들은 농사꾼들 죽일라고 그러고. 피해 지역이라고 생활지원금 나왔잖아. 농사꾼 왜 주느냐는 식이지.

배 하는 사람들이 농사짓는 사람들을 굉장히 미워했지요. 예전에는 그런 것 없었는데 이웃도 없고, 형제도 없고, 사촌도 없어요. 서로 으르렁거리고 서로 잡아먹으려고 그러고, 무섭더라고. 이웃사촌끼리 싸우고 서로 말도 않고, 살벌해졌어요(월산1리 여, 60대).

경제활동이 바다환경과 직접 연결되어 있는 선주와 관광업자들은 자신들이 기름유출사고의 최대 피해자임을 주장하면서 1차 생계비의 차등분배를 강력하게 요구했다. 반면에 다른 주민들은 피해배상금이 아닌 생계비이기 때문에 균등분배해야 한다고 맞섰다. 그뿐만 아니라 자신들도 이번 사고의 직접적인 피해자임을 강조했다. 농업에 종사하는 동시에 맨손어업과 어선어업 및 관광업에서 파생된 일용노동을 겸하고 있었기 때문이다. 즉, 농업과 맨손어업을 겸하는 주민들의 진술처럼 "배 하는 사람들이 몰라서 그렇지 어선어업이나 관광업을 하지 않는 다른 주민들도 사고로 인해 똑같은 피해를 입었다"는 것이다. 그러나 선주와 관광업자들은 이러한 주장을 받아들일 수가 없었다. 어선어업과 관광업은 많은 자본이 투자되기 때문에 맨손어업이나 일용노동에 비하면 그만큼 피해가 크고, 따라서 더 많은 생계비를 받아야 한다는 것이다. 결국 농민들의 양보로 선주들과 관광업자들이 90만 원을 더 받았지만, 이는 양쪽 모두 만족시키지 못한 결과였다. 즉, 선주와 관광업자들의 입장에서 보면 90만 원을 더 받은 것이 자신들의 피해에 비하면 차등지급이 아닌 것이다. 반대로 나머지 주민들은 부당하게 차등지급을 받았다고 생각했다.

조업과 영업을 재개하기 전에는 방제작업이 주민들에게 가장 중요한 생계수단이었다. 월산1리는 인구 규모도 크고 자원봉사자들이 많이 몰려 방제작업의 속도가 다른 두 마을에 비해 빨랐다. 따라서 코모스 측이 일찍부터 방제인원을 감축하라고 요구했고 마을과 협의한 끝에 2008년 3월 이후부터 가구당 1명으로 축소했다. 도산도는 방제작업이 이루어지는 전 기간, 하전2리는 5월까지 노동능력이 있는 모든 주민이 참여한 것과 비교하면 월산1리는 일찍부터 인원이 감축되었다. 특히 국가기관에 의해 추진된 방제작업의 경우 선주와 횟집 및 숙박업을 운영하는 주민들을 중심으로 참여가 이루어지면서 나머지 주민들은 1차 생계비의 분배 때와 마찬가지로 방제작업에 참여할 때도 차별대우를 받았다는 생각이 들었다.

월산1리는 앞의 두 마을에 비하면 갈등의 원인이 될 만한 외부의 경제적인 자원이 적었는데도 첨예한 주민 갈등이 발생했다. 특히 선주들은 9월 이후 재개한 가을철 조업이 실패하면서 자신들과 마을주민들을 더욱 분리해 사고했다. 결국 기름유출사고 이후 자신들의 "가슴에 응어리졌던 것을 풀고 조금이라도 혜택을 받자"는 취지에서 '월산선주영어조합법인'(2009년 1월 16일)을 결성하기에 이르렀다. 이 영어조합은 사고 이후 경제적인 자원을 둘러싸고 벌어진 주민 갈등의 산물로서, 갈등이 고착화되어가고 있음을 보여주는 증거이다.

> 마을주민들은 방제작업이라도 해서 인건비도 나오고 했잖아요. 근데 배를 갖고 있는 어민들, 바다만 바라보고 사는 사람들은 방제작업을 했어도 수협 이자 같은 거 계속 내잖아요 마을사람들은 그런 게 없잖아. 그리고 또 생계안정자금도 어민들과 농사짓는 마을주민들하고 똑같이

줬어요. 그 사람들은 돈이 늘었고. 우리는 그놈 갖고 어업 나가려고 준비하고. 그 과정에 우리는 돈이 마이너스로 없어지고, 마을주민들은 부자가 된 거여. 배를 가진 사람들은 가난하게 됐고, 농사짓는 사람들은 부자가 된 거여. 이번 기름유출사고로(월산선주영어조합법인 관계자 남, 40대 후반).

월산선주영어조합법인은 '월산 어민회'를 모체로 한다. 월산 어민회는 월산 선주들의 친목, 봉사, 정보교류 등을 목적으로 30여 년 전에 결성된 친목조직이면서 '태안군 선주연합회'의 마을조직이다. 그런데 기름유출사고가 발생한 지 1년 만에 월산 어민회 소속 회원 38명이 분리하여 영어조합을 결성했다. 그리고 법인에 참여하지 않는 일부 선주들은 이에 반발하여 '월산선주연합회'(2009년 2월)를 새로이 만들었다. 즉, 두 조직 모두 월산 어민회를 모체로 하지만 전자는 영리추구, 후자는 기존의 월산 어민회와 같은 친목조직이다. 기름유출사고 이전에는 하나였던 어민회가 두 개의 대립적인 조직으로 분화된 것이다. 월산1리의 한 마을지도자는 월산선주연합회를 공동체와 함께하는 "순수한 어민회"라고 표현했지만 월산선주영어조합법인은 "공동체를 탈퇴해 자기들끼리 법인체를 만들어 사업"하려는 집단이라며 불편한 감정을 숨기지 않았다.

이들은 어촌계와도 대립각을 세우고 있었다. 어촌계에서 계획하고 있는 중요한 사업 중 하나가 월산항에 수산물판매장을 설치하여 어촌계원들을 위한 일자리를 창출하는 것이다. 그런데 선주영어조합법인 또한 자체적으로 판매장을 설치하여 법인 조합원들의 이익을 취하겠다는 계획을 세우고 있었다. 선주들은 마을의 핵심 지도자들이 사고 이후 어민들의 어려움을 제대로 헤아려주지 못했다고 불만을 토로했다. 그리고 그 과정에서 "속된 말로 뱃놈" 취급당하면서 자존심에 상처를 입었다는 것이다. 어민들의 입장에서 보면 어선어업을 하지 않는 마을의 핵심 지도자들이 자신들의 입장을 잘 대변해줄 것이라고 기대하기 힘들었다.[6)]

그런데 이러한 직업집단 간의 갈등은 원주민과 이주민 간의 갈등과 미약하게 중첩되어 나타났다. 월산1리 출신 선주도 있지만 항구가 확장되면서 어선어업과 관광업을 위해 외지인이 많이 이주해왔다. 앞의 두 마을 주민들의 경제활동은 어촌계를 기반으로 하기 때문에 어촌계원이 아닌 외지인들은 오랫동안 외지인으로 남게 된다. 따라서 오랫동안 마을에서 살았다 하더라도 마을 일에 관한 발언권은 극히 미약하다.[7)] 반면 월산1리는 인구 규모도 크고 도시적인 성향이 강해 상대적으로 외지인이 정착하기 쉬운 마을이다. 그리고 앞의 두 마을 원주민들은

---

6) 선주들은 일단 바다로 나가면 마을 일을 위해 조업을 중단하고 육지로 돌아올 수 없으며, 새벽에 출어하여 밤늦게 돌아오기 때문에 낮 시간에 이루어지는 행정업무도 볼 수 없다. 따라서 의도하지 않았지만 경제적 지위가 높은 선주들의 입장을 대변할 만한 핵심적인 마을지도자가 없다.
7) 하전2리에서 20년 간 정착하여 어업으로 생계를 유지하고 사는 한 주민의 진술이 이러한 상황을 잘 보여준다. "내가 뿌리를 박고 동네에서 태어났으면 모를까. 객지잖아요. 상당히 애로사항이 많더라고요. 우리가 가서 이야기 한마디 하게 되면 원주민들이 반갑지 않은 행동을 한다고요. 오래 살아도, 100년이 가도, 10년이 가도 객지는 객지예요. 그런가 보다하고, 밖에 잘 나가지도 않아요. 내 생활에나 충실하게 살자……(하전2리 남, 59세)."

어촌계를 통해서 자신들의 기득권을 유지할 수 있는 데 반해 월산1리는 마을어장의 경제적 가치가 낮아 마을주민들의 경제활동에 어촌계가 특별한 영향력을 행사하지 못한다. 즉, 원주민들이 기득권을 행사할 만한 조직이 없는 것이다. 오히려 어선어업과 관광업을 목적으로 이주한 외지인들이 마을의 경제적 계층구조에서 상층을 차지하고 있다. 따라서 원주민의 입장에서 보면 사고 이후에 외지인들의 주장이 강하게 관철되는 것처럼 보였다. 오랫동안 마을에 거주해오면서 맨손어업이나 맨손어업과 농업을 겸하면서 생계를 유지해왔던 원주민들의 입장에서는 적어도 외지인들과 동등한 대접을 받아야 한다는 생각을 갖고 있었다.

3) 마을지도능력의 변화

어촌마을 운영과 관련해서 보면 이장, 새마을지도자, 어촌계장 등이 가장 핵심적인 마을지도자들이다. 이장은 마을주민, 어촌계장은 어촌계원의 투표로 선출되지만 새마을지도자는 이장이 임명하고 주민들의 승인을 받는다. 따라서 새마을지도자는 주로 이장을 보좌한다. 이장은 행정기관과 마을을 연결하는 행정의 보조 역할을 하지만 마을 전체의 이익을 대변하는 역할도 수행한다. 서열상 행정조직의 말단에 있지만 마을의 선출직 대표라는 점으로 인해 마을 안팎에서 그 권위를 인정받는다.

이장과 새마을지도자가 주로 마을 일을 담당한다면 어촌계장은 어촌계와 어장관리를 맡는다. 이장과 어촌계장은 약간의 보수를 받지만 실제로는 봉사의 성격이 강하다. 따라서 마을지도자들이 주민으로부터 위임받은 권력은 행정적·법적 권력이 아닌 마을의 공적인 일에 봉사하고 헌신한다는 도덕적 행위에서 나온다. 그리고 권력의 행사 또한 명령이나 강제의 형태가 아니라 주민들의 의견을 수렴하고 조정하는 형태이다. 따라서 주민들의 합의를 조정하는 데 실패할 경우 오히려 갈등을 유발할 수도 있고, 마을지도자들이 주민들에게 개인의 이익을 위해 활동한다는 의심을 받게 되는 순간 권력의 도덕적 기반이 무너지게 된다. 기름유출사고 이후 마을지도능력의 변화는 사고에 대응하는 과정에서 새롭게 만들어진 '유류피해대책위원회(이하 대책위원회)'에서의 마을지도자들의 역할과 이들에 대한 주민들의 신뢰를 통해 파악할 수 있다.

기존 마을조직으로는 기름유출사고에 효과적으로 대응할 수 없었기 때문에 피해 업종별 대표들이 참여하는 대책위원회가 결성되었다. 단, 도산도의 경우 조직체계를 갖춘 대책위원회를 구성하지 않았다. 사고 이전부터 마을 일을 맡아보았던 이장, 새마을 지도자, 어촌계장을 중심으로 하여 주민들과 주요 사안을 논의하며 일을 처리했다. 이러한 배경에는 인구 규모가 작아 전체 주민이 쉽게 모일 수 있을 뿐 아니라 주민 사이의 직업적 동질성도 높아 업종별로 의견을 조율할 필요성이 없었기 때문이다.

반면에 하전2리와 월산1리는 업종별 대표들이 참여한 대책위원회를 결성했다. 하전2리는 마을이장을 위원장으로 하고 각 반의 반장들이 참여하는 '대책위원'과 어촌계장을 위원장으로 하고 굴 양식, 선주, 맨손어업, 식당, 민박 등 5인의 업종별 대표들이 참여하는 '유류피해배

상대책위원회'를 결성했다. 전자가 마을주민의 의견을 수렴하고 필요한 정보를 전달하는 연락체계라면, 후자는 업종 간의 의견을 조율하고 실질적인 활동력을 갖춘 조직이다. 월산1리의 경우 업종별 대표들이 참여한 조직구조는 하전2리와 유사하지만 주민들의 경제활동이 다양한 관계로 선주, 선원, 해녀, 횟집, 민박, 여관, 맨손어업, 포장마차, 요식업, 항만노조 등 10인의 업종별 대표들이 참여했다. 어촌계장이 대책위원회의 부위원장으로 참여했지만 위원장은 이장이 아닌 제3의 인물이 추대되었다. 월산1리는 마을규모가 커서 이장이 마을과 대책위원회의 일을 동시에 맡을 수 없다는 현실적인 이유도 있었지만, 위원장을 선임하는 과정에서 업종별 대표자들 간에 갑론을박이 있었던 것으로 보아 중립적인 인사를 추대하려 한 이유도 크게 작용한 것으로 보인다. 업종별 대표들의 합의로 추대된 위원장은 지역신문의 주필이자 시인으로, 지역의 사회운동에 관여해왔던 인물이다. 그리고 마을 외부에서 염전을 운영하고 있어 월산1리의 다른 경제활동과도 직접적인 연관성이 없다. 그렇다고 대책위원회 활동과 관련하여 이장의 역할이 없었다고 할 수 없다. 중요한 논의 과정에는 대책위원회 임원들과 이장 및 마을임원들이 공동으로 참여했으며 각종 공식·비공식 정보가 마을대표인 이장을 통하기 때문에 어떤 형태로든 깊게 관여할 수밖에 없다.

따라서 세 마을 모두 사고 이전부터 마을의 핵심 지도자였던 이장과 어촌계장이 사고 이후에도 대책위원회 활동과 관련하여 핵심적인 역할을 했다. 단지 월산1리만이 제3의 인물이 위원장을 맡아 복잡한 업종별 이해관계를 조율했다. 사고 이후 마을별로 유류피해대책위원회라는

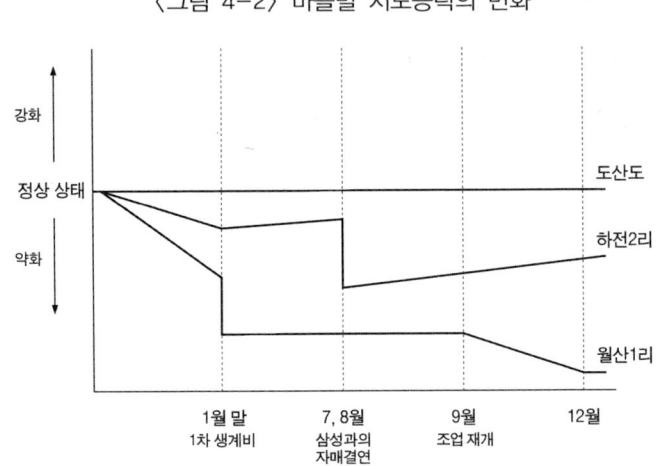

〈그림 4-2〉 마을별 지도능력의 변화

새로운 조직이 등장했지만, 기존의 지도력이 그대로 유지되었다. 이러한 배경에는 기존의 지도력이 주민들의 신임을 받은 측면도 있다. 그 대표적인 사례로 사고 발생 1년 후 하전2리에서 어촌계장 선거가 있었는데 기존의 계장이 다시 선출되었다. 하지만 새로운 지도력이 출현할 만큼 마을의 인적 자원이 풍부하지 못한 현실이 반영된 측면도 있다.

세 마을 모두 핵심적인 마을지도자가 교체되는 인적 변화는 일어나지 않았다. 그렇다고 마을지도자들에 대한 주민의 신뢰가 사고 이전과 같은 수준으로 유지되거나 더 강화된 것도 아니다. 사고 이후 마을지도자들이 외부 세력과 마을을 연결하는 주요한 통로 역할을 하면서 오히려 마을지도자들의 권한은 증대되었다. 특히 외부의 경제적 자원을 주민들에게 분배하는 데에서 결정적인 역할을 하게 되었으며, 그 자원의 분배에 대한 주민들의 판단이 마을지도자들에 대한 신뢰 혹은 마을지도자의 지도능력과 직결되었다. 이는 주민 갈등의 원인과도 일치한다. 따라서 마을지도능력의 손상과 주민 갈등의 시점 및 정도는 서로 유사한 추세를 보이면서 진행되었다(<그림 4-2> 참조).

도산도 주민들의 경우 1차 생계안정자금 및 방제작업의 분배가 공정하게 이루어졌다는 생각이 높았다. 따라서 이를 조정한 마을지도자들에 대한 주민들의 신뢰 또한 손상되지 않았다. 그리고 삼성과의 자매결연 이후에도 마을지도자와 주민 사이에 특별한 갈등이 나타나지 않았다. 자매결연 이후 삼성의 직원들이 관광객으로서 마을을 방문한 적이 없다. 즉, 삼성에 의한 경제적 자원이 마을로 유입된 적이 없다 보니 갈등도 없었고, 이 때문에 마을지도자들의 지도력 손상도 없었다.

하전2리는 1차 생계비, 방제작업 및 굴살 철거작업의 분배 과정에서 크고 작은 갈등이 발생했지만 마을지도자들의 신뢰 수준을 크게 떨어뜨리지는 못했다. 오히려 어려운 여건 속에서 조정자 역할을 효과적으로 수행하여 마을을 안정시키는 데 기여했다. 하전2리에서 마을지도자들의 신뢰가 손상을 입게 된 결정적인 계기는 삼성과의 자매결연 이후였다. 직접적인 이유는 하전2리의 핵심 지도자들이 마을에서 가장 큰 펜션과 식당을 운영하고 있어 삼성의 직원들이 자원봉사를 하거나 휴가를 보내러 올 때 이들의 업소를 집중적으로 이용했기 때문이다. 즉, 삼성에 의한 경제적 자원이 관광업에 종사하는 일부 마을지도자들에게 집중되면서 주민들로부터 그들 개인의 이익을 위해 자매결연을 추진했다는 도덕적 비난을 받게 되었다. 마을지도자들이 주민들에게 도움을 주고자 추진한 삼성과의 자매결연이 역설적으로 신뢰를 상실하게 한 결정적인 계기가 되었다.

월산1리는 1차 생계비 분배 과정에서부터 마을지도자들의 신뢰 수준이 크게 손상되었다. 1차 생계안정자금을 차등분배하면서 마을의 주요 직업집단인 어선어민과 농민 모두를 만족시키지 못했기 때문이다. 특히 선주들은 마을지도자들에게 더 큰 불신을 드러냈다. 선주들은 선주가 아닌 마을지도자들이 자신들의 입장은 고려하지 않고 농민 편만 들어준다는 생각을 강하게 갖고 있었다. 특히 가을철 조업이 실패로 끝난 이후 선주들의 상대적 박탈감은 더욱 가중되었으며, 이후 선주들만의 경제적 이익을 위한 영어조합법인을 결성하기에 이르렀다.

4) 일상적인 주민교류의 변화

한국의 촌락은 집촌을 형성하고 있기 때문에 이웃 간의 지리적 접근성이 매우 높다. 따라서 주민들 사이에 일상적인 교류가 빈번한 편이다. 일상적인 교류는 특정한 목적을 갖기보다 교류에 참여하는 그 자체가 주민들에게 즐거움을 주고 그들 사이의 친밀감을 증진시킨다. 그리고 그 즐거움과 친밀감은 특별한 오락거리가 없는 촌락주민에게 힘든 노동에서 오는 피로를 풀어주는 행위일 뿐 아니라 공동체 생활에 대한 활력, 정서적 안정감, 소통, 소속감 등을 강화시켜준다. 그런데 기름유출사고 이후 이웃 간의 일상적 교류가 줄어드는 현상이 정도의 차이는 있지만 세 마을에서 공통적으로 관찰되었다. 일상적인 교류의 감소 혹은 단절은 도시인의 관점에서 보면 전혀 새로울 것이 없다. 하지만 오랜 시간 일과 놀이를 함께 공유해온 촌락주민의 입장에서 보면 사고 이전에는 경험해본 적이 없는 사회관계의 훼손이다(김도균·이정림 2008).

이웃 간에도 너무 냉정해요 옛날에 서로 왔다갔다하고 우리 집에 와서 소주도 한잔하고 그랬는데, 그런 게 없어졌어. 밥 한 끼니 먹자, 그런 대화가 없어진 거야. 그전에는 밥 먹으러 와서 서로가 별놈의 대화도 다 했는데. 지금은 서로 대화가 없잖아. 전에는 고기 잡아 와서 팔고서, 야, 소주 한잔 먹자. 그렇게 어우러진 그런 뭐가 많았는데. 지금은 없잖아. 다녀봐 절대 없어. 지금 오느라 가느라 그런 게 하나 없어. 외로워졌다니까. 재미가 없어. …… 요번 설에 설을 쇠는 데 눈도 많이 와서 분위기는 안 좋았지만, 2007년도 설과 2008년도 쇠는 설과는 차원이 틀리더라니까. 사람이 오가질 않았어. 사람들이 움직이지 않았다고. 그냥 자기네 집에서 밥해놓고 절하고 자기네 집에서 음식 먹었다니까. …… 빨리 자연이 복원되지 않고는 계속 이대로 간다면 동네에서 살 수가 없는 게 대화가 안 되니까. 이웃 간에 다 모르고 사는 거야 아파트에서 이웃집도 모른다고 하는데 여기가 그렇게 생겼시유. 이 앞에 집에서 전화 와서 뭐 했으니 오라고 그전에는 했는데, 지금은 그런 게 한 개도 없다니까. 오죽하면 젊은 놈이 이러고 있겠어. 나가지도 않고. 고기 잡을 때는 오늘 좀 벌었으니까, 소주 한잔 먹자, 와. 모여서 한 잔씩들하고 회 쓸어 먹고 그랬는데. 아주 냉랭해졌어(하전2리, 남 57세).

일상적인 주민교류가 감소한 이유를 다음 세 가지 차원에서 생각해 볼 수 있다. 첫 번째 이유는 사고 이후 주민들의 핵심적인 경제활동이자 소득원인 방제작업에서 원인을 찾을 수 있다. 주민들이 방제노동에 참여하면서 노동 과정에 대한 통제권이 방제회사로 넘어가게 되었다. 따라서 주민들은 일정한 시간 동안 정해진 장소에서 일정한 수준의 노동 강도를 유지해야만 했다. 사고 이전의 어업과 농업 노동은 자연적

〈표 4-15〉 기름유출사고 이후 주민들 간의 심리적 거리감(단위: 명, %)

구분		마을		
		도산도	하전2리	월산1리
문1) 기름유출사고 이후 사람들은 자신만을 생각하는 편이다	그렇다	1(7.7)	47(79.7)	68(78.2)
	아니다	12(92.3)	12(20.3)	19(21.8)
	합계	13(100.0)	59(100.0)	87(100.0)
문2) 마을사람들하고 이야기할 때 신경이 쓰이거나 조심스럽다	그렇다	7(50.0)	49(87.5)	66(77.6)
	아니다	7(50.0)	7(12.5)	19(22.4)
	합계	14(100.0)	56(100.0)	85(100.)

문1: $x^2=30.603$, df=2, p<0.001
문2: $x^2=9.526$, df=2, p<0.01

제약을 많이 받지만 주민들은 노동 과정에 대해 높은 자율성을 유지하고 있었다. 따라서 노동 사이사이에 일상적인 교류가 가능했다. 하지만 사고 이후 노동 과정에 대한 통제권을 상실하면서 일상적인 교류가 방해된 것이다(김도균·이정림, 2008).

두 번째 요인은 특히 하전2리와 월산1리의 경우 사고 이후 마을 내부에 만연한 유언비어와 크고 작은 주민 갈등이 발생하면서 주민들 사이의 심리적 거리감이 멀어지고 그 멀어진 심리적 거리감이 일상적인 교류를 위축시켰다. 필자는 현지조사 과정에서 사실과 다르거나 근거 없는 유언비어를 쉽게 접할 수 있었다. 마을별로 차이가 있지만 사고 이후 주민들은 이웃들에 대해 매우 부정적인 태도를 보여주었다 (<표 4-15> 참조). 이러한 태도는 심층면접 과정에서도 쉽게 확인할 수 있었다. 주민들은 "인심이 박해졌다", "개인주의다", "사람들이 악해졌다", "예전과 달리 우애정신이 없어졌다", "만나서 대화를 나눌 수가 없다", "사람들이 무섭다"라는 표현 등을 통해 사고 이후 주민들 사이에 멀어진 심리적 거리감을 드러냈다.

끝으로 주민들의 신체적·정신적 건강악화 때문이다. 방제작업을 하는 동안 인체에 위해한 기름에 장시간 노출되었을 뿐 아니라 사고 그 자체의 충격, 예측할 수 없는 미래에 대한 불안감 등으로 사고 이전에는 경험해본 적 없는 심신의 고통을 경험했다. 30여 년 동안 기름방제작업에 종사했던 한 방제노동자는 주민들이 너무 장시간 기름에 노출된다고 우려했다. 실제로도 주민들은 피로, 두통, 메스꺼움, 구토, 어지럼증, 눈 따가움, 피부 가려움, 불면 등과 같은 육체적 고통뿐 아니라 슬픔, 절망, 우울, 불안, 분노, 무기력, 회피 등의 정신적 고통을 호소했다. 또한 건강악화는 경제활동은 물론 사회적 교류를 축소해 공동체의 사회적 복구를 지연시키고 있었다. 특히 사고 이전부터 건강이 좋지 않았거나 고령이었던 주민들은 건강 영향에 더 취약했으며 악화된 건강은 이들의 활동력을 사고 이전의 수준으로 회복시키는 데 큰 걸림돌이 되고 있었다.

일상적인 교류의 축소는 공동체 생활의 즐거움이나 친밀감의 상실만을 의미하지 않는다. 일상적인 관계의 복원은 주민들 간의 의사소통을 증대시켜 갈등을 완화하고 신뢰와 협력을 증진시키는 긍정적인 효과를 불러온다. 이러한 맥락하에 세 마을에서 일상적인 교류를 증진 또는 복원시키려는 크고 작은 움직임이 나타났다. 도산도와 하전2리의 경우 사고 이전에는 바쁜 경제활동 때문에 거의 활동을 하지 않았던 노인회가 주민교류를 증대시키는 데 중요한 역할을 담당했다. 특히 하전2리의 노인회는 주민교류를 활성화하고 갈등을 완화하기 위하여 적극적인 자세를 보였다. 노인 주민들은 방제작업이 어느 정도 마무리된 8월 이후부터 매주 토요일마다 마을회관에 모여 함께 식사도 하고 노래도 부르면서 여흥을 즐겼다. 노인회장의 진술에 따르면 이 모임을 할 때는 갈등을 일으킬 만한 이야기를 서로 하지 않기로 약속했으며 이러한 점이 잘 지켜지고 있다고 한다. 노인회 모임은 사고 이후 소원했던 주민교류를 증대시키고 있을 뿐 아니라 공동체의 크고 작은 갈등을 치유하는 기능을 수행하고 있었다.

> 지금은 사실 아무것도 할 것 없으니까. 고독을 면하는 거지. 할 일 없는 것도 어렵고, 외로운 것도 어렵고 노인회 오면 갈등 있는 얘기는 하지 말라고 했으니까. 그건 잘 지키더라고 부녀회분들도 와서 식사도 도와주고 하니까. 여하튼 모여서 갈등 없이 놀자고 하는 것이 가장 으뜸 되는 것이니까(하전2리 남, 78세).

> 기름피해 당해서 위로금 주는 사람들이 있더라고. 지난 정월 보름 때 처음 윷놀이 한번 했어요. 상품도 사다가 주고, 재미있게 놀고, 먹고. 기름파동 이후에 회관에서 식사를 많이 했어요 그전에는 별로 없었는데. 고기 한 근만 사면 되니까. 같이 밥해서 한 끼 먹고. 일부러 많이 한 편이에요. 그리고 봄에 노인회에서 단합대회처럼 한 번 놀러 가려고 그래요(도산도 남, 68세).

월산1리는 사고 이전에도 노인회 활동이 활발했던 마을이다. 도산도와 하전2리에 비하면 노령인구의 비율이 낮지만 노인들이 참여할 수 있는 경제활동이 앞의 두 마을에 비해 상대적으로 미약한 관계로 노인회 활동이 활발했다. 기름유출사고 이후에는 잠시 주춤했는데 마을이 안정을 찾아가면서 활동을 재개했다. 부녀회 또한 다시 활동을 시작하면서 일상적인 관계를 복원하려는 움직임이 나타났다. 하지만 노인회와 부녀회가 마을에서 차지하는 위상이 낮아 골 깊은 주민 갈등을 치유하는 데에는 한계가 있다.

·· 제5장

사회경제구조와 재난이 어촌마을에 미친 사회경제적 영향

1. 경제구조와 경제적 영향

　자연자원의존 공동체인 어촌마을은 환경오염에 취약한 경제구조를 갖는다. 따라서 세 마을 모두 이번 사고로 극심한 경제적 피해를 입었다는 사실은 자명하다. 하지만 마을별로 경제구조가 서로 다른 까닭에 경제적 영향이 차별적으로 나타났는데, 특히 어업의 유형과 관광업의 전문화 수준이 결정적인 요인으로 작동했다(<표 5-1> 참조). 핵심적인 어업의 유형을 보면 도산도는 채취어업, 하전2리는 양식어업, 월산1리는 어선어업이다. 채취어업과 양식어업은 수심이 얕은 고정된 어장에서 정착성 수산생물을 채취하거나 양식하는 것이다. 따라서 어장 이동이 자유로운 어선어업에 비해 환경오염에 더 취약하다. 이러한 차이 때문에 사고 이후 도산도와 하전2리의 어업재개 속도가 월산1리보다

〈표 5-1〉 경제구조와 차별적인 경제적 영향

구분	경제구조	경제적 영향		
		경제활동	소득	부채 증가
도산도	• 농업(마늘농사)	유지	유지	뚜렷하게 나타나지 않음
	• 어업 - 어선어업(2톤 이하) - 채취어업	중단 중단	없음 없음	
	• 관광업(전문화 수준 낮음)	중단	없음	
하전2리	• 농업(벼농사)	유지	유지	뚜렷하게 나타나지 않음
	• 어업 - 어선어업(2톤 이하) - 양식어업	중단 중단	없음 없음	
	• 관광업(전문화 수준 중간)	중단	없음	
월산1리	• 농업(벼농사)	유지	유지	어선어업과 관광업을 중심으로 부채가 증가하는 현상이 뚜렷하게 관찰됨
	• 어업 - 어선어업(5톤 이상) - 채취어업	축소 중단	축소 없음	
	• 일용노동	중단	없음	
	• 관광업(전문화 수준 높음)	축소	축소	
결론	• 어업의 유형 • 관광업의 전문화 수준	⇒ 차별적인 경제적 영향		

더뎠다. 특히 하전2리는 오염문제를 당장 해결하여 굴 양식을 시작하더라도 양식 굴의 생산주기를 고려할 때 2년 후에나 판매 가능한 굴을 수확할 수 있다. 월산1리 주민들이 2008년 9월 초 정부의 조업재개 발표에 맞춰 조업을 시작할 수 있었던 이유는 규모가 큰 5톤 이상의 어선들이 많아 오염되지 않은 바다로 나가서 조업할 수 있었기 때문이다. 어선 규모가 작아 어선어업이 중단된 앞의 두 마을과는 대조적인 모습이다. 도산도와 하전2리 주민들은 어선규모가 작아 마을 인근의 바다에서나 조업이 가능했기 때문에 정부의 조업재개 선언에도 조업할

수 없었다.

관광업 분야를 보면 도산도와 하전2리의 경우 부업 성격이 강하지만 월산1리는 전문화 수준이 높다. 월산1리는 다른 두 마을과 다르게 항구를 따라 상업지구가 형성되어 있을 정도로 마을경제에서 관광업이 차지하는 비중이 높다. 그리고 해산물 먹을거리로 관광업을 하고 있었기 때문에 상대적으로 계절적 편차가 적다. 따라서 사고 이전에는 연중 내내 주말마다 관광객들의 방문이 이어졌으므로 자본축적 수준이 높아 다른 두 마을에 비해 일찍 영업을 재개할 수 있었다.

어업과 관광업의 중단 혹은 재개 여부는 주민들의 소득에도 영향을 미쳤다. 도산도와 하전2리 주민들은 현재 농업소득을 제외하면 어업과 관광업에서 나오는 소득이 없는 실정이다. 하지만 월산1리의 경우 소득이 큰 폭으로 줄어들기는 했지만 어업과 관광업이 소득원으로서의 역할은 유지하고 있었다. 따라서 사고 이후 경제활동의 재개 여부와 소득만을 놓고 본다면 세 마을 중에서 상대적으로 월산1리가 가장 적은 피해를 입었다고 할 수 있다. 그러나 규모 있는 어선어업과 관광업은 높은 자본투자가 필요하기 때문에 충분한 어획량과 관광객을 확보하지 못하면 적자를 면하기 어렵다. 도산도의 채취어업은 자본투자가 영(0)에 가깝고 하전2리의 양식어업은 초기에 소요되는 양식장 설비투자를 제외하면 큰 자본이 들어가지 않는다. 따라서 어업재개는 곧 수익으로 직결된다. 하지만 어선어업의 경우 조업재개와 수익은 별개의 문제이다. 월산1리의 어업활동이 다른 두 마을에 비해 일찍 재개되었지만 자본투자가 높은 어선어업의 특징으로 인해 조업을 하면서도 손해를 보는 경제적 피해가 발생하고 있다. 따라서 사고 이전 수준으로 어획량을 회복하지 못하면 조업재개와 관계없이 피해가 장기화될 수 있다.

월산1리의 관광업 또한 어선어업처럼 관광객이 급감하면서 영업재개 여부와 관계없이 적자를 보고 있었다. 그리고 이러한 적자는 부채 증가로 이어지고 있다. 즉, 도산도와 하전2리는 마을주변의 생태환경에 토대를 둔 어업과 영세한 관광업 때문에 경제적 피해가 장기화될 수 있다면, 월산1리는 높은 자본을 투자한 규모 있는 어선어업과 관광업 때문에 경제적 피해가 장기화될 수 있다는 것이다.

2. 경제구조와 사회적 영향

이번 기름유출사고 이후 가장 뚜렷하게 나타난 사회적 변화는 같은 마을 내부에서 갈등이 크게 증가했다는 사실이다. 물론 재난을 극복하기 위한 협력도 있었지만 갈등처럼 구체적인 형태로 드러나지는 않았다. 이는 기술재난 이후 갈등 지향적 공동체가 출현한다는 기존의 재난이론과도 일치한다. 따라서 현재의 주민 갈등은 재난관리책임자인 정부와 가해자인 삼성중공업의 잘못된 대응으로 인해 갈등이 공동체 내부로 전이되면서 발생한 측면이 있다. 하지만 외부 요인만을 강조하면 현실세계에서 마을별로 서로 다르게 나타나고 있는 협력과 갈등의 양상을 충분하게 설명할 수 없다. 따라서 개별 어촌마을 내부의 미시적 구조가 어떻게 사회적 영향과 조응했는지를 밝혀볼 필요가 있다. 경제구조와 주민 협력 및 갈등 사이에는 뚜렷한 인과관계가 나타난다. 마을

〈표 5-2〉 경제구조와 차별적인 사회적 영향

구분	경제구조	매개 요인	사회적 영향 협력	사회적 영향 갈등
도산도	• 농업+채취어업+관광업 (채취어업 중심의 겸업관계) • 소득격차(작음)	자원분배방식(균등) 상대적 박탈감(낮음)	높음	없음
하전2리	• 농업+양식어업+관광업 (양식어업 중심의 겸업관계) • 소득격차(중간)	자원분배방식(균등) 상대적 박탈감(중간)	중간	중간
월산1리	• 농업/농업+채취어업 +일용노동/어선어업/관광업 • 소득격차(큼)	자원분배방식(차등) 상대적 박탈감(높음)	낮음	높음
결론	• 직업집단 간의 구분 • 주민들 간의 소득격차	⇒ 차별적인 사회적 영향		

주: 소득격차, 상대적 박탈감, 협력과 갈등의 정도는 마을 간의 상대적 크기.

별 협력과 갈등의 차이는 사고 이후 마을로 유입된 경제적 자원의 공정한 분배와 밀접하게 관련되어 있었는데 그 분배방식을 결정하는 데에서 마을의 겸업구조, 즉 주민들 사이의 직업적 이질성 혹은 동질성 여부가 결정적인 영향을 미쳤다(<표 5-2> 참조).

도산도는 채취어업, 하전2리는 양식어업을 중심으로 하여 겸업관계가 뚜렷하게 나타났다. 따라서 모든 주민들의 경제활동이 바다환경에 높게 의존하고 있을 뿐 아니라 직업집단 간의 경계도 명확하지 않다. 그러나 월산1리는 마을의 경제적 계층구조에서 높은 위치를 차지하고 있는 어선어민과 관광업자의 겸업비율이 낮을 뿐 아니라 앞의 두 마을과 달리 농업을 주업으로 하는 주민도 많다. 이는 그만큼 어선어업과 관광업 분야의 전문화 수준이 높고 직업집단 간의 경계가 명확하다는 사실을 보여준다. 하지만 어선어업과 관광업을 제외한 나머지 농업, 채취어업, 일용노동 사이에는 뚜렷한 겸업관계가 나타난다.

　사고 초기에 주민 갈등의 도화선이 되었던 1차 생계비의 분배방식을 결정하는 데에서 마을주민 사이의 직업적 동질성 여부가 결정적인 영향을 미쳤다. 직업적 동질성이 높은 도산도와 하전2리는 균등분배를 한 반면에 직업적 이질성이 높은 월산1리는 차등분배를 했다. 그런데 높은 직업적 이질성으로 인해 차등분배를 한 월산1리에서 직업집단 간에 격한 충돌이 발생했다. 선주들과 관광업자들은 마을의 다른 주민을 바다와 무관한 농민집단으로 동일시하여 이들의 피해를 부정하거나 적게 인정했다. 하지만 이들 중 상당수는 채취어업을 겸하거나 어선어업과 관광업에서 파생된 일용노동에 종사하고 있어 사고의 직접적인 피해를 입은 사람들이었다. 결국 높은 직업적 이질성으로 인해 차등분배를 했던 월산1리가 균등분배 했던 두 마을보다 1차 생계비로 인한 갈등의 충격이 더 컸다. 2차 생계비, 방제작업, 공공근로 참여 등에서도 직업적 동질성이 높은 도산도와 하전2리 주민들이 더 공정하게 이루어졌다고 판단하고 있었다.

　그리고 갈등이 실질적 박탈보다 상대적 박탈로 인하여 발생한다는 점을 고려하면(홍성열, 2004: 256), 사고 이후 주민들이 인식하는 상대적 박탈감의 정도가 갈등에 영향을 미쳤을 것으로 예상할 수 있다. 상대적 박탈감은 이웃과의 비교를 통해 인식된다는 점에서 사고 이전에 존재했던 주민 간의 소득격차가 사고 이후 상대적 박탈감에 영향을 미친 것으로 예상된다. 세 마을 중에서 직업적 동질성이 가장 높고 소득격차가 작은 도산도 주민들이 상대적 박탈감에 대한 인식 정도가 가장

〈표 5-3〉 기름유출사고 이후 이웃 주민과 비교한 생활의 어려움(단위: 명, %)

구분	많이 어려워짐	약간 더 어려워짐	이웃과 비슷함	이웃보다 더 나음	합계
도산도	4(28.6)	1(7.1)	9(64.3)	-	14(100.0)
하전2리	22(37.9)	8(13.8)	25(43.1)	3(5.2)	58(100.0)
월산1리	29(35.8)	17(21.0)	32(39.5)	3(3.7)	81(100.0)
- 어선어업	7(35.0)	6(30.0)	7(35.0)	-	20(100.0)
- 농업	2(16.7)	1(8.3)	9(75.0)	-	12(100.0)
- 맨손어업	5(38.5)	3(23.1)	4(30.8)	1(7.7)	13(100.0)
- 해녀	1(20.0)	2(40.0)	2(40.0)	-	5(100.0)
- 관광업	10(71.4)	3(21.4)	1(7.2)	-	14(100.0)
- 일용노동	4(28.6)	1(7.1)	8(57.1)	1(7.1)	14(100.0)
- 기타상업	-	1(33.3)	1(33.3)	1(33.3)	3(100.0)

낮게 나타났고, 다음으로는 하전2리, 월산1리 순이다(<표 5-3> 참조). 전체적인 분포만 놓고 본다면 하전2리와 월산1리는 수치상 큰 차이가 없어 보인다. 하지만 월산1리는 하전2리와 다르게 직업 집단별로 뚜렷한 차이를 보였다.

월산1리에서는 사고 이전에 소득 수준이 높았던 어선어민(65%)과 관광업자(92.8%)가 농업을 주업으로 하는 주민(25%)보다 사고 이후 생활이 더 어려워졌다는 응답이 월등히 높게 나왔다. 그리고 사고 이전 소득 수준이 낮았던 맨손어민(61.6%) 또한 생활이 어려워졌다는 응답률이 높게 나왔다. 즉, 소득격차가 큰 마을일수록 자신들의 생활이 더 어려워졌다는 상대적 박탈감의 정도가 더 강하게 나타난 것이다. 이러한 태도는 이번 사고로 자신들이 더 큰 피해를 입었다거나 자원의 분배 과정에서 자신들이 더 소외당했다는 생각을 강화하여 갈등을 격화시키는 원인이 되었다. 소득이 낮은 주민의 입장에서 보면 사고 이전에 소득이 높았던 주민은 생계비를 받지 않아도, 방제작업에 참여하지 않아도 될 만한 사람이다. 반대로 소득이 높았던 주민의 입장에서 보면 자신들의 경제적 피해가 더 크기 때문에 더 많은 몫을 주장하는 것이 당연하다. 따라서 월산1리에서는 소득이 높은 어선어민 및 관광업자들과 소득이 낮은 다른 직업집단 간의 충돌 가능성이 더욱 커지게 된다.

외부에서 유입된 경제적 자원만 놓고 본다면 월산1리보다 오히려 하전2리가 갈등의 소지가 더 많았다. 실제로도 원주민과 신규 거주자, 세대 간, 계층 간 그리고 마을지도자와 주민 사이에 여러 갈등이 발생했다. 특히 삼성중공업과의 자매결연 과정을 거치면서 마을지도자들에 대한 주민의 신뢰가 일부 손상되었지만 월산1리 수준으로까지 갈등이 격화되지는 않았다. 이러한 이유는 무엇보다 마을 내부에 경계가 분명하면서도 힘의 균형을 갖춘 경쟁집단이 존재하지 않았기 때문이다. 하전2리에서는 갈등 전선이 중첩된 형태로 나타났지만 집단 간의 경계가 모호한 관계로 갈등의 강도가 약했다. 반면 월산1리는 집단들 간의 경계가 분명하면서도 힘의 균형을 갖춘 어선어업+관광업 집단과 농업/농업+채취어업+일용노동 집단이 마을 내부에 존재하여 갈등이 격렬하게 진행되었다. 그리고 그 결과 선주들이 선주영어조합법인이라는 새로운 조직을 결성하면서 갈등이 고착화되고 있다. 즉, 직업집단 간의 경계가 분명하고 주민 간의 소득격차가 큰 경제구조를 지닌 어촌마을이 갈등에 더 취약했다.

3. 사회자본과 경제적 영향

　사회자본은 집합행동의 딜레마, 즉 사적 이익과 공동체의 공적 목표 사이에 갈등이 발생했을 때 이를 해결해주는 사회적 자원이다. 사회자본을 높게 축적한 집단일수록 이기적인 행동에 덜 매력을 느낀다. 강한 사회적 연결망을 통해 묶여 있을 경우 이기적 행동은 향후 물리적 제재나 도덕적 비난을 불러오기 때문이다. 통계수치만 놓고 본다면 세 마을 모두 사회자본의 축적 수준이 높다. 이러한 이유는 지역적 유대와 혈연적 유대를 바탕으로 하여 높은 지역성을 배태하고 있는 마을공동체의 특성 때문이다. 하지만 어촌마을의 사회자본 축적 수준은 마을별로 구별되는 '어촌계와 마을주민 간의 인적·경제적 통합력 및 어촌계의 운영'에 따라 더욱 정확하게 확인할 수 있다(<표 5-4> 참조). 어촌마을의 기층 조직인 어촌계는 참여에 대한 보상의 정도가 높고 외부 성원과의 경계가 분명한 폐쇄형 연결망을 형성하고 있어 사회자본 축적에 유리한 조건을 제공하기 때문이다.

　도산도와 하전2리 어촌계는 마을주민과의 인적·경제적 통합 수준이 매우 높다. 도산도 어촌계에는 도산도 출신이 아닌 외지인은 원천적으로 가입할 수 없기 때문에 마을주민과 어촌계원이 100% 일치한다. 하전2리 또한 도산도만큼은 아니지만 인적 통합 수준이 높다. 그리고 도산도의 채취어업과 하전2리의 양식어업은 마을어장을 생산기반으로 하기 때문에 어촌계에 대한 경제적 의존도 또한 높다. 즉, 이 두 마을은 참여에 대한 경제적 보상 수준이 높고 외부 집단과의 경계가 뚜렷한 폐쇄형 연결망을 지닌 어촌계가 기층 조직으로 자리 잡고 있어 공동체

〈표 5-4〉 사회자본과 차별적인 경제적 영향

구분	사회자본의 형성에 영향을 미치는 요인	정도	사회자본	경제적 영향 외부의 경제적 자원의 분배 (1차 생계안정자금)
도산도	• 지역성 • 마을자치조직 • 어촌계 - 어촌계 운영방식 - 어촌계와 마을공동체 성원 간의 인적·경제적 통합 정도	매우 높음 활동 미약 매우 폐쇄 매우 강함	매우 강함	균등분배
하전2리	• 지역성 • 마을자치조직 • 어촌계 - 어촌계 운영방식 - 어촌계와 마을공동체 성원 간의 인적·경제적 통합 정도	높음 활동 중간 폐쇄 강함	강함	균등분배
월산1리	• 지역성 • 마을자치조직 • 어촌계 - 어촌계 운영방식 - 어촌계와 마을공동체 성원 간의 인적·경제적 통합 정도	약함 활동 높음 개방 약함	약함	차등분배
결론	• 어촌계 - 어촌계 운영방식 - 어촌계와 마을공동체 성원 간의 인적·경제적 통합 정도	⇒	사회자본	⇒ 차별적인 경제적 영향

주: 정도 및 사회자본의 강도는 마을 간 상대적 크기를 나타냄.

에 대한 소속감을 강화시켜준다. 반면에 월산1리 주민의 주요 생계활동인 어선어업, 관광업, 채취어업, 일용노동, 농업 등은 어촌계와 무관한 경제활동이다. 그리고 마을어장의 경제적 가치 또한 낮다. 따라서 어촌계 가입이 쉬울 뿐 아니라 어촌계와 마을주민 간의 인적·경제적 통합 수준도 크게 떨어진다. 다시 말해 월산1리에는 도산도와 하전2리처럼 마을 전체의 사회자본을 축적시킬 만한 기층 조직이 없다는 것이다.

도산도와 하전2리 또한 월산1리 수준은 아니지만 규모 있는 어선어업과 관광업소를 운영하는 주민들이 있다. 그러나 마을회의를 통해 분배방식을 결정한 1차 생계안정자금의 분배에서 자신들이 더 많은 돈을 받아야 한다고 주장하지 않았다. 사고 이전의 소득 수준만을 놓고 본다면 이들의 경제적 피해가 다른 주민보다 더 크다고 볼 수 있다. 따라서 월산1리 주민들처럼 자신들의 몫을 더 주장할 만한 충분한 근거가 있었다. 하지만 현실에서는 이러한 주장이 강하게 표출되지 않았다. <표 5-5>를 보면 하전2리에서도 선주들과 관광업자들이 전체 주민에 비해 1차 생계비 분배가 공정하지 않다는 응답이 높게 조사되었다. 즉, 이들은 불만이 있었음에도 차등분배를 강하게 요구하지 않은 것이다. 앞서 언급했듯이 겸업이 발달하여 직업집단 간의 경계가 분명하지 않았던 것도 한 이유가 될 수 있다. 하지만 이것만으로는 설명이 부족하다. 사고 이후, 이용 가능한 자원이 극도로 축소된 상황 속에서 자신들의 경제적 몫을 더 주장할 만한 충분한 근거도 있고 불만이 있었음에도 차등분배를 강하게 주장하지 않았기 때문이다. 따라서 사회자본의 축적 수준이 높은 도산도와 하전2리에서는 개별 주민들의 이기적 행동을 억제하고 자발적인 협력을 촉진하는 사회자본이 작동한 결과로 해석해볼 수 있다. 즉, 두 마을에서 1차 생계비가 균등하게 분배된 결정 속에는 단순한 경제적 기준만이 아닌 비경제적 목표를 포함한 더욱 넓은 범위의 사회관계가 그 배경으로 있었던 것이다.

도산도와 하전2리 주민들은 어촌계에 대한 경제적 의존도가 높아서 주민들의 경제적 행위가 공동체의 규범을 추구하는 어촌계에 의해

〈표 5-5〉 마을별 업종에 따른 1차 생계안정자금 분배의 공정성 여부
(단위: 명, %)

구분		어선어업	관광업	주민 전체
도산도	공정	3(100.0)	1(100.0)	11(100.0)
	불공정	-	-	-
하전2리	공정	2(28.6)	-	20(37.2)
	불공정	5(71.4)	3(100.0)	31(58.5)
월산1리	공정	3(14.3)	4(28.6)	27(31.8)
	불공정	18(85.7)	10(71.4)	58(68.2)

제약을 받는다. 즉, 개인의 이기적인 이윤추구를 제어하고 공동의 이익을 증진하는 방향으로 주민들의 경제활동을 일정하게 통제한다. 그 단적인 사례가 마을어장 이용에서의 평등성, 공동수익의 균등분배, 어촌계의 자치규약과 계원 간의 상호감시활동이다. 도산도와 하전2리의 어촌계는 오랜 시간 동안 공동의 이익을 최대화하려는 협력적 방식으로 운영해온 구체적인 경험 속에서 집합행동의 딜레마를 해결해줄 수 있는 실질적인 사회자본을 축적해왔다고 볼 수 있다. 그리고 이렇게 축적된 사회자본이 1차 생계안정자금의 분배방식을 경제적 기준만이 아닌 비경제적 목표를 포함한 좀 더 넓은 공동체적 관계 속에서 결정하도록 유도한 것이다. 그러나 어촌계의 활동력이 미약하고 다른 경로와 조직을 통해서도 위와 같은 경험을 축적한 적이 없는 월산1리는 통계적 수치에서 사회자본이 높게 나왔다 하더라도 주민들에게 미치는 실질적인 영향력이 확연하게 떨어질 수밖에 없다.

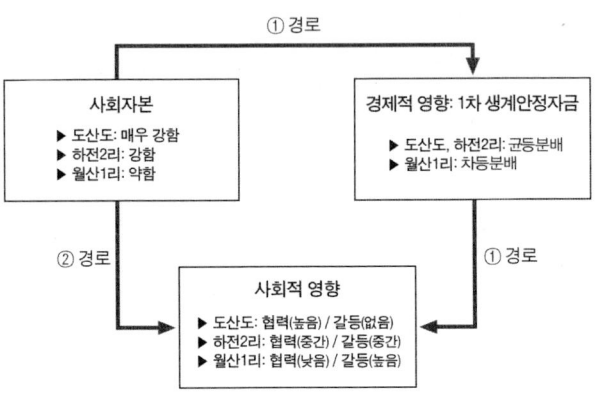

〈그림 5-1〉 사회자본과 차별적인 사회적 영향

주: 사회자본의 강도와 협력 및 갈등의 크기는 마을 간 상대적 크기를 나타냄.

4. 사회자본과 사회적 영향

사회자본이 행위자 간의 협력을 촉진하고 갈등을 완화한다는 측면에서 마을의 사회자본은 서로 다른 사회적 영향을 불러온 요인으로 작동했다. 마을의 사회자본은 두 경로를 통해 주민 협력과 갈등에 영향을 미쳤다(<그림 5-1> 참조).

첫째 경로는 앞에서 살펴본 것처럼 주민 갈등의 기폭제가 되었던 1차 생계안정자금을 경제적 피해 정도와 관계없이 균등분배하도록 유인함으로써 갈등을 축소시켰다. 균등분배를 한 도산도와 하전2리가 차등분배를 한 월산1리에 비해 갈등의 정도가 더 낮고 협력의 정도가 더 높다는 사실이 이를 증명해준다. 즉, 사회자본이 경제적 자원의 분배를 매개로 하여 차별적인 갈등과 협력을 만들어냈다(① 경로). 둘째

〈표 5-6〉 사회자본과 주민 협력, 주민 갈등의 회귀분석

구분	주민 협력				주민 갈등			
	비표준화계수		표준화된 Beta	t값	비표준화계수		표준화된 Beta	t값
	기울기 (B)	표준오차			기울기 (B)	표준오차		
상수	-1.679	.618		-2.717**	5.515	.646		8.541***
사회자본	.908	.146	.494	6.219***	-.748	.153	-.398	-4.881***
R^2	24.4				15.7			
F비	8.097***				23.827***			

종속변수: 주민 협력과 주민 갈등
*p<0.05, **p<0.01, ***p<0.001

경로는 사회자본이 협력과 갈등에 직접적인 영향을 미쳤다(② 경로). 단순선형회귀분석을 해보면 사회자본이 높을수록 주민 협력에 대한 인식 수준이 높고 갈등에 대한 인식 수준이 낮은 것으로 나타났다(<표 5-6> 참조). 따라서 사회자본의 축적 수준이 높은 마을의 갈등이 더 강한 방어력을 갖고 있음을 예상할 수 있다. 실제로도 도산도에서는 주민관계를 훼손할 만한 갈등이 일어나지 않았으며 하전1리에서도 주민 갈등이 크게 폭발하지 않았다.[1] 그러나 사회자본의 축적 수준이

---

[1] 도산도 주민들의 진술을 통해서도 이러한 사실을 쉽게 확인할 수 있다. "다툴 정황이나 있었나. 안 싸웠어. 여긴 한마디로 말해서 한마음 한뜻이여. 싸울 일도 없고, 그렇게 헐 것도 없고, 그때 상황은 서로가 기름 하나라도 닦아서, 우리들은 홍합 해 먹어야 하니까. 홍합을 살리는 게 목적이었으니까, 누구하고 싸울 정황도 없고 …… 이걸 어떻게 허느냐 그런 궁리만 했지. 지금도 그렇잖아. …… 그냥 서로 얼굴 붉히고 안 사니께. 서로 보면 웃고 살고 웃고 대화하고 그런 것은 없어. 갈등 같은 것 없어. 이렇게 해서 어떻게 하느냐고 그런 질문은 더러 했어도 갈등 같은 것 없어(도산도 여, 64세)."

낮은 월산1리에서는 갈등이 격하게 표출되었다. 또한 사회자본은 마을 주민의 응집력을 강화하는 효과를 가져왔다. 도산도와 하전2리에서는 사고 이후 서로 위로하고 손상된 주민관계를 회복하려는 의도로 주민들이 빈번하게 모여 여흥을 즐기고 있었다. 반면 집단의 응집력이 약하고 개인주의적인 성향이 강한 월산1리에서는 집단 간의 분파적 결합관계가 나타나서 공동체의 통제를 벗어나 개별 집단의 이익을 관철하려는 경향이 뚜렷하게 드러났다. 그 대표적인 사례가 선주들이 결성한 월산선주영어조합법인이다. 이 조직은 사고 이후에 벌어진 주민 갈등의 결과로 만들어졌으며 현재 핵심적인 마을지도자들과 대립하고 있다. 이러한 사례를 볼 때 사회자본의 축적 수준이 높은 도산도와 하전2리가 사회자본의 축적 수준이 낮은 월산1리보다 갈등 상황을 비교적 효과적으로 조정하고 있다고 할 수 있다.

그러나 마을의 높은 사회자본이 주민 갈등을 완화하는 데 긍정적인 효과만을 불러온 것은 아니다. 포르테스(1998)는 높은 사회자본이 외부인에 대한 배타성을 강화하고 성원들에게도 집단의 규범을 강요하기 때문에 개인의 자유를 침해할 수 있다는 부정적 기능을 강조했다. 도산도의 주민들은 높은 인구학적·사회경제적 동질성으로 인해 서로 구별되는 소수자 집단이 없을 뿐 아니라 인구 규모도 작아 의견 조율이

"도산도는 똑같았어요. 바다에서 생활하기 때문에, 바다가 죽었기 때문에, 생활하는 게 다 비슷비슷해요. 서로 불쌍하게 생각하죠. 다 이웃이기 때문에, 서로 안타깝게 생각하고 그렇게 지내요 …… 왜 싸워요 싸우긴 왜 싸워요 여기는 싸우지 않아요(도산도 여, 64세)."

비교적 쉽다. 따라서 주류 집단과 소수자 간에 갈등이 일어날 수 있는 객관적 조건 자체가 형성되어 있지 않다. 그리고 월산1리는 상대적으로 인구 규모도 크고 도시적인 성향이 강해 공동체적 규범이 약한 편이다. 따라서 포르테스가 지적한 사회자본의 역기능이 나타나지 않았다. 그러나 하전1리의 경우 높은 사회자본이 갈등의 원인이 되었다. 생계비와 방제작업에 대한 참여를 둘러싸고 원주민과 신규 이주민들 사이에 심리적 대립이 나타났다. 그 원인을 원주민의 배타성만으로 설명할 수는 없지만 원주민들은 신규 이주민들의 다양한 이주 목적과 관계없이 이들을 은퇴자 집단으로 동일시하여 원주민들의 기득권을 주장한 측면이 있다. 하지만 신규 이주민이 소수이고 사고 이전에 이주한 주민의 경우 원주민과 동등한 지원을 받았기 때문에 갈등이 심화되지는 않았다. 즉, 원주민의 배타성이 이주민에 대한 실질적인 배제로 연결되지 않았다.

   문제는 삼성과의 자매결연 과정에서 발생했다. 자매결연을 마을회의에 참석한 주민들의 만장일치로 결정했다고 하지만 "동네주민들이 의결한 일이니까", "좋아서 한 게 아니여, 따라 준 거뿐이여", "삼성하고 자매결연 맺었다고 해서 다 환영하고 그런 건 아니지요"라는 주민들의 진술을 통해볼 때, 개인의 자율적 의견과 무관하게 마을의 결정에 따라준 측면이 강하다. 특히 연령이 높은 주민들에게서는 반대의견을 갖고 있었음에도 마을에서 하는 일이니 따라줬다는 진술을 쉽게 접할 수 있었다. 즉, 주민들의 긍정적인 찬성에 따른 결정만은 아니라는 것이다. 바꿔 말해 높은 사회자본이 공동체의 결정에 따를 것을 주민들에게 요구함으로써 개인들의 의견이 소홀하게 취급되었다. 따라서 자매결연을 한 이후에도 주민들에게는 실질적인 혜택이 없는 반면에 자매결연을 추진한 일부 마을지도자들이 삼성 직원들을 상대로 펜션과 식당 운영하여 소득을 올리자 이에 대해 강한 불만을 드러냈다. 결국 자율적인 논의 과정이 부족한 상태에서 공동체의 결정을 수용함으로써 삼성과의 자매결연은 마을지도자 간, 세대 간 그리고 마을지도자와 주민들 사이에 다양한 갈등구도를 만들어냈다.

도산도와 하전2리의 높은 사회자본은 1차 생계비의 분배방식을 경제적인 기준만이 아닌 비경제적 목표를 포함한 공동체적 관계 속에서 결정하도록 유도했으며, 주민 간의 일상적 교류를 복원시켜 갈등을 해소하려는 움직임으로 나타났다. 도산도에서는 주민관계를 훼손할 만한 주민 갈등이 발생하지 않았으며 하전2리에서도 주민 갈등이 크게 폭발하지 않았다. 반면에 사회자본의 축적 수준이 낮은 월산1리에서는 주민 갈등이 격하게 폭발했다. 이런 측면에서 보면 사회자본의 축적 수준이 높은 마을일수록 주민 갈등에 더 강한 방어력을 갖고 있다는 사실을 확인할 수 있다. 그러나 또 다른 측면에서는 하전2리처럼 높은 사회자본이 집단의 규범을 강요함으로써 갈등을 유발하는 부정적인 효과도 일부 불러왔다. 따라서 공동체 내부의 갈등만 놓고 본다면 하전2리에서는 높은 사회자본이 갈등을 완화시킨 동시에 갈등을 불러왔다면, 월산1리에서는 갈등을 완화시킬 수 있는 사회자본이 미약한 관계로 격렬한 주민 갈등이 발생한 것이다.

··제6장

재난에 강한 공동체를 위하여

1. 연구결과의 요약

　도산도, 하전2리, 월산1리의 세 마을 모두 이번 사고로 인해 큰 충격을 받았다. 마을별로 받은 경제적 영향을 살펴보면 도산도는 핵심적인 경제활동인 채취어업부터 낚싯배 영업과 민박 운영까지 전면 중단되었다. 하전2리 또한 수확 중이던 모든 굴이 폐사했으며 식당과 숙박시설도 문을 닫았다. 단지 월산1리만 규모 있는 어선어업과 관광업으로 인하여 앞의 두 마을보다 일찍 경제활동이 재개되었지만 사고 이전과 비교할 수 없을 정도로 규모가 축소되었다. 사고 이후 바다환경에 기초를 둔 주민들의 순환형 경제활동이 방제작업이나 공공근로형태의 일용노동으로 전환되면서 경제적 기반이 극히 취약해졌다. 주민들은 자신들의 생계를 지속 가능한 내부 자원이 아닌 한시적으로 공급되는 지속

불가능한 외부 자원에 의존해야만 하는 매우 불안정한 상황에 놓이게 된 것이다.

사고 이후 어촌마을 내부의 가장 뚜렷한 사회적 변화는 갈등이 크게 증가했다는 사실이다. 사고를 극복하기 위한 협력도 나타났지만 갈등처럼 구체적인 형태를 띠지는 않았다. 주민 협력과 갈등의 정도는 사고 이후 마을로 유입된 경제적 자원의 분배에 대한 주민들의 인식과 밀접하게 관련되어 있었다. 특히 이 중에서 1차 생계비 분배가 결정적 영향을 미쳤다. 1차 생계비 분배가 공정하다고 생각할수록 주민 협력에는 정(+)의 영향, 주민 갈등에는 역(-)의 영향을 미쳤다. 분배가 공정했다는 응답은 균등분배를 한 도산도, 하전2리 그리고 차등분배를 한 월산1리 순으로 높게 나왔으며, 주민 협력은 이와 같은 순으로, 주민 갈등은 역순으로 나타났다. 즉, 1차 생계안정자금은 사고 초기 사고 관리의 책임자인 국가기관과 사고 발생의 책임자인 삼성중공업으로 향하던 갈등의 방향을 공동체 내부로 전이시키는 결정적인 계기가 되었다.

주민 갈등은 마을지도자들에 대한 주민들의 신뢰 저하, 즉 마을지도 능력의 손상으로 이어졌다. 주민 갈등이 발생하지 않았던 도산도를 제외하고 하전2리와 월산1리에서는 마을지도자의 신뢰 수준이 떨어졌다. 하지만 인적 교체는 없었다. 이는 지도력이 손상되었음에도 기존 지도부가 계속해서 신임을 받은 측면도 있지만 새로운 지도력이 출현할 만큼 마을공동체의 인적 자원이 풍부하지 못한 현실이 반영된 측면도 있다. 이 외에도 주민들 사이의 일상적인 교류가 감소한 것으로 나타났다. 촌락주민에게 일상적인 교류는 친밀감과 즐거움을 넘어 정서적 안정감, 소속감, 서로 간의 소통을 강화시켜준다. 그런데 사고 이후에 주요 경제활동이 방제노동으로 전환되면서 노동 과정에 대한 주민들의 자율성의 축소, 익숙하지 않은 방제노동과 사고 충격에서 오는 육체적·정신적 고통, 유언비어와 크고 작은 갈등으로 인해 멀어진 심리적 거리감이 주민교류를 방해하고 있었다.

경제구조와 경제적 영향, 경제구조와 사회적 영향, 사회자본과 경제적 영향, 사회자본과 사회적 영향 사이에는 뚜렷한 인과관계가 나타났다. 마을별로 서로 다른 경제구조로 인해 차별적인 경제적 영향이 나타났다. 이 중에서 어업의 유형과 관광업의 전문화 수준이 결정적인 요인으로 작용했다. 채취어업과 양식어업은 수심이 얕은 고정된 어장에서 정착성 수산동식물을 채취·양식하는 어업이기 때문에 상대적으로 어장 이동이 자유로운 어선어업에 비해 기름오염에 더 취약하다. 따라서 기름유출사고 이후 도산도의 채취어업과 하전2리의 양식어업은 전면 중단되었으며 회복 속도 또한 느렸다. 특히 하전2리의 굴 양식업은 양식 굴의 생육주기를 고려할 때 당장 양식을 시작하더라도 2년 후에나 판매 가능한 굴을 생산할 수 있다. 또한 도산도와 하전2리는 어선 규모가 작아 오염되지 않은 먼 바다로 나가서 조업할 만한 형편이 아니다. 따라서 이 두 마을의 주민 중 어선어업을 겸하는 주민들이 상당수 있다 하더라도 영세한 어선 규모로 인해 어선어업이 채취어업과 양식어업의 피해를 완충시켜주지 못한다.

월산1리는 어선 규모도 크고 관광업의 전문화 수준이 높아 앞의 두 마을보다 일찍 경제활동이 재개되었다. 경제활동의 재개 여부만을 놓고 본다면 세 마을 중에서 월산1리의 경제적 피해가 가장 작다고 할 수 있다. 하지만 높은 자본투자가 있어야 하는 월산1리의 어선어업과 관광업은 충분한 어획량과 관광객을 확보하지 못하면 적자를 면하기 어렵다. 그런데 사고 이후 어획량과 관광객이 크게 줄어들면서 조업과 영업을 하면서도 적자를 보는 경제적 피해가 발생하고 있으며, 이는 어선어민과 관광업자들의 부채 증가로 이어지고 있다. 결국 도산도와 하전2리는 기름오염에 민감한 어업과 영세한 관광업 때문에 경제적 피해가 장기화되고 있으며, 월산1리는 많은 자본을 투자한 규모 있는 어선어업과 관광업 때문에 경제적 피해가 장기화되고 있다.

마을별 경제구조와 사회적 영향 간에도 뚜렷한 인과관계가 나타났다. 마을별 경제구조는 외부 자원의 분배방식을 결정하는 내부 조건을 제공했다. 특히 직업적 동질성 혹은 이질성이 결정적 요인으로 작용했다. 주민 갈등의 도화선이 되었던 1차 생계비의 분배방식을 결정하는 데에서 직업적 동질성이 높은 도산도와 하전2리는 균등분배를 하기로 결정했지만 직업적 이질성이 높은 월산1리는 차등분배를 하기로 했다. 월산1리는 그 결정 과정에서 직업집단 간에 격렬한 심리적 대립과 대립적 행동이 나타났다. 어선어민과 관광업자들은 다른 경제활동에 종사하는 주민들을 바다와 무관한 농민으로 동일시하여 차등분배를 주장했다. 그러나 나머지 주민들은 자신들의 생계활동 또한 채취어업 그리고 어선어업과 관광업에서 파생된 일용노동이기 때문에 이번 사고의 피해자임을 주장하면서 균등분배를 강하게 요구했다. 결국 선주와 관광업자들에게 생계비를 조금 더 지급하는 것으로 결정되었지만 이러한 결과는 양쪽 모두를 만족시키지 못했다.

외부에서 유입된 자원만 놓고 본다면 도산도와 하전2리가 갈등의 소지는 더 많았다. 그럼에도 도산도에서는 특별한 갈등이 발생하지 않았으며 하전2리에서도 월산1리 수준으로까지 갈등이 격화되지는 않았다. 그 까닭은 앞의 두 마을이 주민 간의 직업적 동질성이 높아 갈등을 주도할 만한 집단이 존재하지 않았기 때문이다. 즉, 주민 간에 직업적 이질성이라는 마을의 내부 요인이 마을별로 서로 다른 갈등 수준을 만들어낸 것이다.

사회자본은 사적 이익과 공동체의 공적 목표 사이에 갈등이 발생했을 때 이를 해결하는 사회적 자원으로 작용한다는 측면에서 사회자본과 경제적 영향, 특히 경제적 자원의 분배방식에 결정적인 영향을 미쳤다. 도산도와 하전2리에도 월산1리의 수준까지는 아니지만 규모 있는 어선어업과 관광업에 종사하는 주민들이 있다. 하지만 이들은 1차 생계비의 분배 과정에서 더 많은 몫을 요구하지 않았다. 사고 이전의 소득 수준만을 놓고 본다면 자신들의 경제적 피해가 더 크다고 주장할 만한 충분한 근거가 있다. 그럼에도 원만하게 합의가 이루어진 이유는 합의 과정에서 이기적 행동을 억제하고 자발적인 협력을 촉진하는 마을의 높은 사회자본이 작동했기 때문이다. 즉, 도산도와 하전2리에서 행해진 1차 생계비의 균등분배는 단순히 경제적 기준만이 아니라 비경제적인 목표까지를 포함한 공동체적 사회관계가 반영된 것이다. 이러한 도산도와 하전2리의 사회자본은 오랜 시간 동안 협력적인 방식으로 어촌계를 운영해오면서 축적해온 경험의 산물이다. 이 두 마을주민 모두 어촌계에 대한 경제적 의존도가 높아서 어촌계의 공동체적 규범을 통해 이기적 이윤추구를 제어하고 공동의 이익을 증진하는 방향으로 주민들의 경제활동을 일정하게 통제해왔다. 즉, 이러한 구체적인 경험을 통해 축적된 사회자본이 1차 생계비 분배에서 경제적 이기주의를 벗어난 결정을 하도록 영향을 미친 것이다. 그러나 어촌계의 영향력도 미약하고 다른 경로를 통해서도 이러한 경험을 축적하지 못한 월산1리의 사회자본은 그 영향력이 확연하게 떨어졌다.

　사회자본이 두 가지 경로를 통해 차별적인 사회적 영향의 핵심 요인으로 작용했다. 첫째 경로는 경제적 자원의 균등분배를 매개로, 둘째 경로는 마을별 협력과 갈등 수준에 직접 영향을 미쳤다. 첫째 경로는 앞의 내용과 중복되는 관계로 생략하고 둘째 경로만 요약하겠다. 사회자본의 축적 수준이 높은 도산도와 하전2리는 갈등 상황을 비교적 잘 조정했던 반면에 월산1리는 직업집단 간의 갈등이 격화되면서 분파적 결합관계가 나타났다. 사고 발생 1년 후 선주들이 새로운 이익단체를 결성하고 마을지도부와 대립하는 상황으로까지 갈등이 고착화되고 있었다. 그러나 마을의 높은 사회자본이 갈등의 방어력 변수로서 긍정적인 기능만을 한 것은 아니다. 오히려 소규모 공동체의 높은 사회자본은 소수자에게 침묵을 강요하여 새로운 갈등을 만들어냈다. 하전2리에서 행해진 삼성과의 자매결연 과정에서 이러한 부정적 영향이 뚜렷하게 나타났다. 즉, 마을의 높은 사회자본은 자매결연에 관한 주민들 사이의 자율적 논의를 차단하고 마을공동체의 결정에 따를 것을 강요했다. 그 결과 세대 간, 마을지도자 간 그리고 마을지도자와 주민들 사이에 갈등과 불신을 불러왔다.

2. 연구결과의 시사점

이 연구를 통해 자연적 순환 과정과 문화적 순환 과정이 통합된 자연자원의존 공동체가 환경오염에 얼마나 취약한지를 확인할 수 있었다. 그리고 기술재난 이후 부식 과정이 등장하여 재난 피해자들이 지속적인 피해 상황에 노출된 일차적인 원인이 재난관리와 책임의 당사자인 국가, 기업, IOPC기금 등의 대응에 있음을 확인할 수 있었다. 피해자들의 의사가 충분하게 반영되지 못한 정부의 정책, 가해 기업에 대해 어떠한 책임도 묻지 않는 정부의 자세, 피해 주민에게는 불리하지만 가해 기업에는 유리한 법적 판결, 가해 기업의 끊임없는 회피전략, 그리고 과학성, 객관성을 앞세운 IOPC기금의 관료적 태도 등이 재난피해를 장기화시키고 있었다. 따라서 사고 이후 시민사회 영역에서 놀랄 만한 치료 과정이 등장했음에도 관련 세력들의 책임이행이 적시성과 적절성을 확보하지 못함으로써 부식 과정이 치료 과정을 압도해버렸다.

그러나 이 연구를 통해서 찾은 더 중요한 발견은 외부의 불리한 조건에도 공동체 내부 요인에 따라 재난에 강한 공동체가 형성될 수 있다는 것이다. 특히 재난의 방어력 변수로서 경제적 평등과 사회자본이 핵심 요인으로 작동하고 있었다. 주민 간의 직업적 동질성이 높고 소득격차가 적으며 사회자본의 축적 수준이 높은 마을이 주민 사이의 갈등이 적고 재난 상황에 더 효과적으로 대응했다. 반면 주민 간에 직업적 이질성이 높고 소득격차도 크며 사회자본의 축적 수준이 낮은 마을은 갈등을 일으킬 만한 원인이 더 적었음에도 격렬한 주민 갈등이 발생했고 갈등이 고착화되는 모습을 보였다.

그리고 흥미로운 사실은 경제적 평등과 사회자본이 밀접하게 관련되어 있다는 것이다. 공유자원인 마을어장에 대한 경제적 의존도가 높은 마을일수록 계층분화현상이 덜 진전되어 있었으며, 경제적 행위가 비경제적인 목표를 포함한 좀 더 넓은 사회관계 안에서 이루어졌다. 개인적 이익 혹은 욕구만이 경제활동의 목적이 아니라 공동체 전체의 보호와 안정 또한 중요한 목적이었다. 그리고 이러한 마을은 기회주의적인 행동을 제재할 수 있는 사회자본을 풍부하게 만들어냈다. 그러나 규모의 경제와 상업화의 진전으로 계층분화현상이 뚜렷한 마을은 경제적 개인주의가 더 뚜렷하게 나타난다. 결국 재난이라는 극단적 위험 상황에서 상호의존적인 경제적·사회적 관계를 발전시켜온 마을이 위험을 회피하는 데 더 유리한 방향으로 성원들을 유인했다.

끝으로 다음과 같은 정책적 함의를 제시하는 것으로 이 글을 마무리하고자 한다. 기술재난은 자연재난과 발생원인 및 진행 과정이 다르기 때문에 정책적 접근도 다른 차원에서 이루어져야 한다. 기술재난 그 자체에서 오는 부정적인 영향도 있지만, 재난 이후 관련 세력들의 부적절한 대응으로 인해 재난피해가 장기화되거나 피해자들 사이에 심각한 갈등이 발생된다. 특히 재난관리의 책임자인 국가의 역할이 중요하다. 단적인 사례로 내부 갈등의 기폭제가 되었던 1차 생계비 분배 과정에서 아무런 행정적·법적 권한이 없는 마을로 그 책임을 떠넘기지 않았더라면 갈등은 상당 부분 완화될 수 있었을 것이다. 2차 생계비는 차등분배를 했지만 주민의견을 수렴한 후 행정기관이 설정한 일률적 기준을 적용했기 때문에 분배를 둘러싼 갈등이 크게 일어나지 않았다. 또한 사고 초기부터 손해 보·배상의 문제가 불확실하고 장기화될 가능성을 충분히 예상할 수 있었다. 따라서 정부가 피해 주민들의 신속한 경제적 안정을 위하여 효과적인 대안을 제시했더라면 그리고 가해자인 기업의 책임이행을 강력하게 요구했더라면 태안의 모습은 지금과 많이 달라졌을 것이다. 기술재난 이후 정부는 모순관계에 놓인 정당화와 자본축적의 기능 중에서 정당화의 기능을 선택하여 피해자 중심에서 재난복구 과정에 적극적으로 개입할 필요가 있다.

다음으로는 주민 갈등을 해결하는 일이다. 필자가 조사 과정에서 만난 피해 주민들은 사고 이후 자신들이 받은 가장 큰 사회적 충격으로 이웃관계의 훼손을 지적하는 경우가 많았다. 피해 주민들은 환경복원 및 경제적 배·보상의 영역에서 벗어나 있지만 이웃관계의 훼손 또한 재난의 직접적인 피해로 인식하고 있었다. 자신의 목적을 위해 상대방을 제거하려는 적대적인 갈등은 아니지만, 갈등이 재난복구를 위한 효과적인 대응을 방해하고 있다는 사실만큼은 분명하다. 만일 현재의 갈등을 치유하지 않는다면 지금까지 원만한 관계를 유지해왔던 주민들조차 이미 공동체가 손상되었다고 판단하고 갈등상황에 참여할 수 있다. 이럴 경우 갈등이 갈등을 낳는 악순환이 반복되면서 사회문화적 회복은 더욱 장기화될 것이다. 월산1리에서 평생을 산 한 촌로는 시간이 지나면서 경제적 문제는 어떻게든 극복할 수 있겠지만 갈등으로 인하여 "붕괴된 문화는 재생"되기 힘들 것이라고 토로했다. 즉, 피해 주민들의 입장에서 재난복구는 환경적·경제적 차원뿐 아니라 사회문화적 차원의 복구까지를 포함한다.

참고문헌

1. 자료

국토해양부. 2008. 「허베이스피리트호 유류오염사고 관련 해양오염영향조사 제2차 중간결과 발표」.
해양경찰청. 2003. 『해양수산백서』.
_____. 2005. 『해양경찰 50년사』.
국립민속박물관. 1996. 『충청남도의 어촌민속』.
_____. 2002. 『경남어촌민속지』.
근흥면지 편찬위원회. 2002. 『근흥면지』.
소원면지 편찬위원회. 2002. 『소원면지』.
정낙추. 2008. 「검은 바다에 산벚꽃 떨어졌다」. 흙빛문화학회 편. ≪흙빛문학≫. 가야.
중앙재난안전대책본부. 2007. 「충남태안 앞바다 유조선 유류 유출사고 수습상황보고(2007.12.7~1.6.)」.
충남대학교 마을연구단. 2006. 『태안 개미목마을: 어촌생활의 파노라마』. 대원사.
태안군 재난종합상황실. 2008. 「허베이스피리트호가 부른 검은 재앙: 종합상황 보고(2008.2.26.)」.
태안군. 『통계연보』(각 연도).
태안군. 1995. 『태안군지』.
태안군. 2000. 『태안복군 10년사』(상·하).
태안군. 2008. 『태안의 기적: 1년의 발자취』.
한국해양연구원 해양시스템안전연구소. 2002. 『씨프린스호 유류오염사고 백서』. 해양수산부

한국환경사회학회·(사)시민환경연구소. 2008. 『허베이스피리트호 기름유출사
    고의 사회경제적·심리적 영향(연구보고서)』.
해양경찰청. 『해양경찰백서』(각 연도).
해양수산부. 『해양수산통계연보』(각 연도).
행정안전부. 2008. 『자원봉사활동백서: 허베이스피리트호 기름방제활동』.
환경운동연합. 2008. 『허베이스피리트호 기름유출사고 50일판 백서』.

2. 논문과 저서

강영훈. 2008. 「재난관리를 위한 로컬 위기관리 거버넌스 구축방안: 태풍 '나
    리'로 본 민간부문의 위기관리 관련조직 유형 분석」. ≪한국행정논집≫,
    제20호, 1085~1103쪽.
권병욱. 2008. 「농촌지역의 자치조직을 통해 본 협동관계의 변용」. ≪일본문화
    학보≫, 제39호, 177~191쪽.
_____. 2009. 「한일 농촌지역의 사회적 자본 검토」. ≪일본문화학보≫, 제41
    호, 161~179쪽.
기어츠, 클리포드(Clifford Geertz). 1998. 『문화의 해석』. 문옥표 옮김. 까치.
김 준. 2004. 『어촌사회의 변동과 해양생태』. 민속원.
_____. 2006. 「어업기술의 변화와 어촌공동체: 충남 개목리 굴양식 어촌의
    사례」. ≪농촌사회≫, 제16집(1호), 175~207쪽.
_____. 2007a. 「대형 간척사업이 지역주민의 삶에 미치는 영향」. ≪환경사회
    학연구≫, 제11권(2호), 285~316쪽.
_____. 2007b. 「제3장 도서지역의 이해」. 김영란·김준·박민서·박분희·양철
    호·이수애·이주희·조원탁 공저. 『농어촌 사회문제론』. 공동체.
김겸훈. 2009. 「허베이스피리트호 사고피해지역의 지역사회 활성화 방안」.
    한국환경사회학회 춘계학술대회 발표 논문.
김경완. 2008. 「새만금 간척으로 인한 생활장소의 변화 주민대응」. 목포대학교
    대학원 석사학위 논문.

김교헌·권선중. 2008. 「허베이스피리트호 기름유출사고가 태안주민들의 심리적 건강에 미친 영향」. ≪환경사회학연구≫, 제12권(1호), 81~107쪽.
_____. 2009a. 「태안 주민들의 재난 후 스트레스 반응: 사고 후 2개월과 8개월 시점의 지역별 비교를 중심으로」. ≪환경사회학연구≫, 제13권(1호), 89~124쪽.
김교헌·김세진·권선중. 2009b. 「태안 주민들의 재난 적응 과정에 대한 토착심리학적 이론 구성」. ≪한국심리학회지≫, 제28권(1호), 189~208쪽.
김기창. 2008. 「서해안 기름 유출 사고와 삼성중공업의 배상책임」. ≪비교사법≫, 제15호(3권), 1~44쪽.
김기홍. 2006. 「한국농촌마을 사회자본의 특성에 관한 연구」. 고려대학교 대학원 박사학위 논문.
김대환. 1998. 「돌진적 성장이 낳은 이중 위험사회」. ≪계간사상≫, 가을호, 26~45쪽.
김도균·이정림. 2008. 「허베이스피리트호 기름유출사고에 의한 섬주민들의 삶의 변화」. ≪환경사회학연구≫, 제12권(2권), 119~152쪽.
김도균. 2010a. 「환경재난과 지역사회의 변화: 허베이스피리트호 기름유출사고가 어촌마을에 미친 사회경제적 영향」. 충남대학교 대학원 박사학위 논문.
_____. 2010b. 「어촌마을의 사회자본과 어촌계: 3개의 어촌마을 비교연구」. ≪농촌사회≫, 제20집(1호), 195~232쪽.
_____. 2010c. 「환경재난에 의한 어촌마을의 주민 갈등과 사회자본: 허베이스피리트호 기름유출사고를 중심으로」. ≪환경사회학연구≫, 제14권(1호), 125~165쪽.
김부성. 1996. 「천수만 지역의 어촌 분포와 변화」. ≪문화역사지리≫ 제8호, 19~35쪽.
김상준. 2004. 「부르디외, 콜먼, 퍼트넘의 사회적 자본 개념비판」. ≪한국사회학≫, 제38권(6호), 63~95쪽.
김영수. 1998. 「지방자치단체의 재난통합관리체계 구축에 관한 연구」. ≪지방

정부연구≫, 제2권(2호), 59~78쪽.
김왕배·이경용. 2002. 「사회자본으로서의 신뢰와 조직몰입」. ≪한국사회학회≫, 제36권(3호), 1~23쪽.
김용학. 2004. 『사회연결망이론』. 전영사.
김응락·이현담. 2008. 『재난관리체계: 위험사회도래와 그 관리체계』. 한국학술정보.
김창민. 2006. 「마을조직과 친족조직에 나타난 혈연성과 지연성」. ≪민족문화논집≫, 제33호, 315~335쪽.
＿＿＿＿. 2008. 「마을 조사와 연구에 대한 비판적 성찰」. ≪한국민속학≫, 제47호, 7~22쪽.
김춘동. 1995. 『농촌사회의 변동과 정치적 과정』. 경북대학교 출판부.
김필동. 1989. 「한국사회조직사연구: 계조직의 구조적 특성과 역사적 변동」. 서울대학교 대학원 박사학위 논문.
노진철. 2004. 「압축적 근대화와 구조화된 위험 :대구지하철재난을 중심으로」. ≪경제와 사회≫, 제61권(봄호), 208~231쪽.
＿＿＿＿. 2008. 「허베이스피리트호 기름유출사고의 초기대응과 재난관리의 한계」, ≪환경사회학연구≫, 제12권(1호), 43~82쪽.
＿＿＿＿. 2009. 「고도 불확실성의 재난 상황에서 삶의 질 저하에 대한 인지와 소통: 허베이스피리트호 기름유출사고를 중심으로」. ≪환경사회학연구≫, 제13권(1호), 49~87쪽.
노채영. 2007. 「도서지역 여성의 생산노동과 경제생활분석: 우리나라 서남해도 서지역을 중심으로」. ≪농촌사회≫, 제17집(1호), 33~67쪽.
류석춘·장미혜. 2002. 「사회자본과 한국사회」. ≪사회발전연구≫, 제8권, 87~125쪽.
류석춘·장미혜·전상인·정병은·최우영·최종렬. 2008. 『한국의 사회자본: 역사와 현실』. 백산출판사.
린, 난(Nan Lin). 2008. 『사회자본』. 김동윤·오소현 옮김. 커뮤니케이션북스.
문광명. 2008. 「유류오염 손해배상범위 및 태안사고 특별법에 대한 고찰」.

≪한국해사법학회지≫, 제30권(2호), 23~60쪽.
박광순. 1998. 『바다와 어촌의 사회경제론: 한·일 비교분석』. 전남대학교출판부.
박동균. 2008. 「허베이스피리트호 기름유출사고를 통해 본 재난보도의 문제점」. ≪한국콘텐츠학회논문지≫, 제9권(5호), 241~248쪽.
박성용. 2003. 『경제교환과 사회관계』. 영남대학교 출판부.
박순영. 2001. 「앞강에서 동강까지: 영월댐 수몰예정지 주민들의 경험」. ≪환경사회학연구≫, 제2권, 200~237쪽.
박재묵. 1995. 「지역반핵운동과 주민참여: 4개 지역 원자력시설반대운동의 비교」. 서울대학교 대학원 박사학위 논문.
_____. 2002. 「새만금 간척사업과 지역사회의 변동」. ≪환경사회학연구≫, 제2권(상), 202~230쪽.
_____. 2008. 「환경재난으로부터 사회재난으로: 허베이스피리트호 기름유출사고에 대한 사회적 대응 분석」. ≪환경사회학연구≫, 제12권(1호), 7~42쪽.
박재묵·이정림. 2009. 「허베이스피리트호 기름유출사고 자원봉사자 분석: 의사결정요인과 봉사자의 성격을 중심으로」. ≪환경사회학연구≫, 제13권(1호), 174~215쪽.
박정석. 2001. 「어촌마을의 공유재산과 어촌계」. ≪농촌사회≫, 제11집(2호), 159~190쪽.
부르디외, 피에르(Pierre Bourdieu). 2003. 「사회자본의 형태」. 『사회자본의 이론과 쟁점』. 유석춘 편역. 그린.
서정호. 2002. 「어업공동체의 결속력 변화요인」. ≪농촌사회≫, 제12집(1호), 161~187쪽.
성경륭. 1998. 「실업과 사회해체:총체적 위험사회의 등장」. ≪사상≫, 가을호, 247~278쪽.
소방방재청. 2008. 『재난 피해자 심리관리지원체계 구축방안연구』. 소방방재청.
소병천. 2008. 「태안 허베이스피리트호 유류오염사고에 대한 환경법적 고찰: 미국 유류오염법의 시사점을 중심으로」. ≪환경법연구≫, 제30권(2호),

473~505쪽.

송경재. 2004. 「사회적 자본과 네트워크: 조직구조를 중심으로」. ≪사회이론≫, 제25권, 251~282쪽.

송두범. 2008. 「허베이스피리트호 기름유출사고와 지역발전 전략」. 『충남리포트』. 충남발전연구원.

신선인. 2000. 「재해 및 재난 구호시 요구되는 정신보건사회사업 서비스에 관한 연구」. ≪정신보건과 사회사업≫, 제10권, 61~83쪽.

신용승. 2008. 「허베이스피리트호 유류오염사고에 따른 대응방향 및 개선방향」. ≪환경포럼≫, 제12권(3호), 1~8쪽.

신철호·장정인·최지연. 2008. 『허베이스피리트호 유류오염사고의 환경피해액 추정연구』. 한국해양수산개발원.

양기근. 2008. 「재난에 강한 지역공동체 형성전략: 허베이스피리트호 기름유출사고를 중심으로」. ≪한국콘텐츠학회논문집≫, 제9권(5호), 249~256쪽.

염형철. 2008. 「삼성크레인 서해 기름오염사고의 원인과 문제점 허베이스피리트호 기름유출사고를 통해 본 언론의 사회방제시스템의 문제」. 충청언론학회 환경운동연합 한국언론재단 공동주최세미나 자료집.

옥영수. 1993. 『어가의 정의에 대한 연구』. 한국농촌경제연구원.

우양호. 2008. 「공유자원 관리를 위한 제도적 장치의 성공과 실패요인: 부산 가덕도 어촌계의 사례비교」. ≪행정논총≫, 제46권(3호), 173~205쪽.

유보경·김필동. 2008. 「연안 환경오염에 대한 주민들의 대응과 어촌공동체의 변화」. ≪한국사회학회≫, 제42권(7호), 1~30쪽.

유철인·김성례·성시정·송도영·윤택림·한경구·함한희. 1996. 「해방이후 충남 서산지역의 지방사: 역사적 담론에 대한 인류학적 접근」. ≪한국문화인류학≫, 제29권(1호), 245~311쪽.

윤박경. 2004. 『새만금, 그곳에 여성들이 있다』. 푸른사상사.

윤순진. 2008. 「허베이스피리트호 기름유출사고의 자원봉사자 연구: 참여 동기와 사건에 대한 시각을 중심으로」. ≪환경사회학연구≫, 제12권(1호),

145~179쪽.
윤순진·박순애·이희선. 2009. 「허베이스피리트호 기름유출사고 방제종료시점의 사회적 의의」. 학국환경사회학회 춘계학술대회 자료집.
윤형숙. 2001. 「어촌사회의 구조와 변화: 서산시 부석면 해안촌 사례」. ≪지방사와 지방문화≫, 제4권(2호), 107~130쪽.
이명석·최흥석·최욱. 2004. 『해양오염방제 사례 :태안기름 유출사례를 중심으로』. 중앙공무원교육원.
이선자·채은희·장동원·장숙랑. 2006. 『재난이 지역주민의 정신건강에 미친 장·단기적 영향 및 재난관리와 정신보건관리체계와의 연계방안에 관한 연구』. 보건복지부.
이수애. 1999. 「도서지역의 경제활동과 가족」. 여성한국사회연구회 편. 『한국가족론』. 까치.
이시재. 2001. 「영월댐 건설계획의 사회영향평가: 주민의식조사를 중심으로」. ≪환경사회학연구≫, 제2권, 106~132쪽.
_____. 2008. 「허베이스피리트호 기름유출사고의 사회영향연구」. ≪환경사회학연구≫, 제12권(1호), 110~144쪽.
_____. 2009. 「허베이스피리트호 기름유출사고의 생태적, 경제적, 사회적 영향 연구」. ≪환경사회학연구≫, 제13권(1호), 127~170쪽.
이윤주. 2004. 「재난피해의 심리적 영향과 재난극복을 위한 심리적 조력의 방법: 아동을 중심으로」. ≪청소년상담연구≫, 제12권(1호), 28~40쪽.
이재열. 2003. 「안전관리의 사회조직론: 재해발생의 원인과 처방에 관한 조직사회학적 검토」. 임현진 편. 『한국사회의 위험과 안전』. 서울대학교 출판부.
_____. 2006. 「지역사회 공동체와 사회적 자본」. 한국사회학회 기획학술심포지엄 논문집(5월).
이재열·김동우. 2004. 「이중적 위험사회형 재난의 구조: 대구지하철 화재사고를 중심으로 한 비교사례연구」. ≪한국사회학≫, 제38권(3호), 143~176쪽.
이재열·윤순진. 2008. 『허베이스피리트호 유류오염사고의 사회·경제적 영향

연구: 태안군 석포리 사례연구를 중심으로』. 서울대학교 사회과학대학·환경대학원.

이재은. 2004. 「재난관리시스템 개편과정 쟁점분석 및 향후 방향」. ≪행정논총≫, 제42권(2호), 147~169쪽.

_____. 2007. 「재난관리에서의 민·관·군 협력체계 구축방안: Jennings 접근법을 중심으로」. ≪한국위기관리논집≫, 제3권(1호), 62~74쪽.

_____. 2008. 「허베이스피리트호 기름유출 재난관리 분석: 피드포워드 통제에 근거한 전략적 통제 접근법의 적용」. ≪한국공공관리학보≫, 제22권(4호), 479~505쪽.

이재은·양기근. 2004. 「재난관리의 효과성 제고방안: 시민참여와 거버넌스」. ≪현대사회와 행정≫, 제14권(3호), 53~81쪽.

_____. 2005. 「지속가능한 재난관리의 효율성 방안연구: 한국과 미국의 재난관리 사례 분석을 중심으로」. ≪현대사회와 행정≫, 제15권(1호), 105~135쪽.

이창언. 2002. 「어촌지역 관광개발의 사회문화적 영향」. ≪비교민속학≫, 제23권, 411~441쪽.

이창현·김성준. 2008. 「허베이스피리트호 기름유출사고 언론보도 내용분석 연구」. 『허베이스피리트호 기름유출사고를 통해 본 언론의 역할과 사회 방제시스템의 문제』. 충청언론학회·환경운동연합·한국언론재단 주최 심층세미나 자료집.

임현진. 2003. 『한국사회의 위험과 안전』. 서울대학교 출판부.

오코너, 제임스(James O'Connor). 1990. 『현대국가의 재정위기』. 우명동 옮김. 이론과 실천.

장경섭. 2003. 「압축적 근대성과 복합위험사회」. ≪비교사회≫, 통권(2호), 371~414쪽.

전경운. 2008. 「해양유류오염사고피해에 대한 손해배상의 법적문제: 허베이스피리트호 기름유출사고를 중심으로」. ≪환경법연구≫, 제30권(2호), 507~548쪽.

전병은·장미혜. 2008. 「현대 한국사회의 사회자본 실태와 특성」. 류석춘·장미혜·전상인·정병은·최우영·최종렬 공저. 『한국의 사회자본: 역사와 현실』. 백산출판사.
전진섭. 2004. 「새만금간척사업과 계화도 주민: 영상인류학 필름 목소리 없는 사람들」. 전북대학교 대학원 석사학위논문.
정근식·김준. 2004. 『해조류 양식 어촌의 구조와 변동』. 경인문화사.
정기환. 2003. 『농촌지역 사회자본의 존재 양태분석』. 한국농촌경제연구원.
정지웅·이성우·정득진·고순철. 2000. 『지역사회학』. 서울대학교 출판부.
정진주. 2001. 「환경분쟁에 있어서 지역운동사의 전개: 동강댐 건설을 중심으로」. ≪환경사회학연구≫, 제1권, 238~266쪽.
조현진·양문철·민남기·김희식·김영화·김은미·김정엽·나용운. 2008. 「허베이스피리트호 사고에 의한 타르볼 유입과 방제방법」. 한국해양과학기술협회 공동학술대회발표 논문.
최남희. 2005. 「재난 생존자 경험의 내러티브 분석: 재난 간호를 위한 제언」. ≪대한간호학회지≫, 제35권(2호), 407~418쪽.
_____. 2006. 「재난 피해자 사후지원: 재난 피해자의 사회복귀」. ≪한국위기관리논집≫, 제2권, 1~20쪽.
최남희·변주훈·한동일·임숙빈. 2007. 「자연재난 집중호우 피해자의 심리적 충격과 우울」. ≪정신간호학회지≫, 제16권(2호), 139~149쪽.
최성애·박상우·김봉태. 2007. 『어촌사회 양극화 완화방안에 관한 연구』. 한국해양수산개발원.
최우영. 2008. 「사회자본의 관점에서 본 전통사회의 농민조직」. 류석춘·장미혜·전상인·정병은·최우영·최종렬 공저. 『한국의 사회자본: 역사와 현실』. 백산출판사.
최종렬. 2004. 「신뢰와 호혜성의 통합의 관점에서 바라본 사회자본: 사회자본 개념의 이념형적 구성」. ≪한국사회학≫, 제38권(6호), 97~132쪽.
최종렬·황보명화·정병은. 2006. 「일반화된 너무나 일반화된 호혜성: 울산 주전동 어촌계의 사회자본」. ≪한국사회학≫, 제40권(4호), 48~97쪽.

콜먼, 제임스(James Coleman). 2003. 「인적자본 형성에 있어서의 사회자본」. 『사회자본의 이론과 쟁점』. 유석춘 편역. 그린.
퍼트넘, 로버트(Robert Putnam). 2001. 『사회적 자본과 민주주의: 이탈리아의 지방자치와 시민적 전통』. 안시청 옮김. 전영사.
페인, 레이첼(Rachal Pain). 2008. 『사회지리학의 이해』. 이원호·안영진 옮김. 푸른길.
포르테스, 알렉산도로(Alexandro Portes). 2003. 「사회자본 개념의 기원과 현대 사회학의 적용」. 『사회자본의 이론과 쟁점』. 유석춘 편역. 그린.
포사이스, 도넬슨(Donelson R. Forsyth). 1997. 『집단심리』. 서울대학교 사회심리학 연구실 옮김. 학지사.
폴라니, 칼(Kar Polanyil). 1983. 『인간의 경제』. 박현수 옮김. 풀빛.
하미나. 2008. 「태안사고와 건강영향」. 『태안지역 공동체회복을 위하여』. 시민환경연구소 제21회 시민환경포럼 자료집.
한경구·박순영·주종택·홍성흡. 1998. 『시화호사람들은 어떻게 되었을까』. 솔.
한상복. 1976. 「농촌과 어촌의 생태적 비교」. ≪한국문화인류학회≫, 제8권, 87~90쪽.
한상복·전경수. 1978. 「外列飛列島의 인류학적 조사보고」. ≪한국자연보존협회 조사보고서≫, 제12권, 131~155쪽.
_____. 1992. 『낙도민속지』. 집문당.
한상진. 1998. 「왜 위험사회인가? 한국사회의 자기반성」. ≪계간 사상≫, 가을호, 3~23쪽.
함한희. 2002. 「사회적 고통을 보는 문화적 시각」. ≪환경사회학연구≫, 제2권(상), 261~283쪽.
_____. 2004a. 「생태계 위기와 여성어민들」. ≪환경사회학연구≫, 제7권, 150~170쪽.
_____. 2004b. 「새만금간척개발사업과 어민문화의 변화」. ≪한국문화인류학≫, 제37권(1호), 151~182쪽.
홍덕화·구도완. 2009. 「허베이스피리트호 기름 유출 사고로 인한 사회갈등:

갈등의 제도화와 공동체의 해체」. ≪환경사회학연구≫, 제13권(1호), 7~47쪽.

홍종관·김춘경·이수연·최응용. 2005. 「대구지하철 화재 사망자 유가족의 외상 후 스트레스 장애연구」. ≪정서·행동 장애연구≫, 제21권(1호), 139~154쪽.

Alexander, David. 1993. *Natural Disaster*. Chapman and Hall.

Barnshaw, John and Joseph Trainor. 2007. "Race, Class, and Capital amidst the Hurricane Katrina Diaspora." David Brunsma, David L. Overfelt and J. Steven Picou(eds). *The Sociology of Katrina: Perspectives on a Modern Catastrophe*. Rowman & Littlefield Publishers Inc.

Blocker, T. J. and D. E. Sherker. 1992. "In the eyes of the beholder: Technological and naturalistic interpretations of a disaster." *Industrial Crisis Quarterly*, Vol. 6, pp. 153~166.

Bruhn, John G. 2004. *The Sociology of Community Connections*. Spring.

Brunsma, David, David L. Overfelt and J. Steven Picou(ed). *The Sociology of Katrina: Perspectives on a Modern Catastrophe*. Rowman & Littlefield Publishers Inc.

Buckland, Jerry. and Matiur Rahman. 1999. "Community-based Disaster Management during the 1997 Red River Flood in Canada." *Disaster*, Vol. 23, No. 2, pp. 174~191.

Chamlee-Wright, Emily. 2006. "After the Strom: Social Captial Regrouping in the Wake of Hurricane Katrina." *Global Prosperity Initiative Working Paper. Arlington*. Va: Meractus Center, George Mason University.

Coleman, James. 1990. *Foundation of Social Theory*. Cambridge: Harvard University Press.

Couch, Stephen R. 1996. "Environmental contamination, community Transformation and the Centralia mine fire." James K. Mitchell(ed). *The Long Load to Recovery: Community responses to industrial disaster*. United

Nations University Press.

Dyer, Christopher L, A. Gill Duane and J. Steven Picou. 1992, "Social Disruption and the Valdez Oill Spill: Alaskan Natives in a Natural Resource Community." *Sociological Spectrum*, Vol. 12, pp. 105~126.

Edelstein, M. R. 1988. *Contaminated Communities: The Social and Psychological Impacts of Residental Toxic Exposure*. Westview Press.

Erikson, K. T. 1976. *Everything in Its Path: Destruction of Community in the Buffalo Creek Flood*. Simon and Schuster.

_____. 1994. *A New Species of Trouble*. New York: Norton.

Freudenburg, W. R. 1997. "Contamination, Corrosion and the Cocial Order: an Overview." *Current Sociology*, Vol. 45, pp. 19~40.

Granovetter, Mark. 1973. "The Strength Weak Ties." *American Journal of Sociology*, Vol. 78, pp. 1360~1380.

Kaniasty, K and F. H. Norris. 1995. "In Search of Altruistic Community: Patterns of Social Support Mobilization following Hurricane Hugo." *Americal Journal of Community Psychology*, Vol. 23, No. 4, pp. 447~477.

ITOPE. 2007. "Oil Tanker Spill Statistics: 2007." http://www.itopf.com

Lindell, Michael K. and Carla S. Prater. 2003. "Assessing Community Impacts of Natural Disaster." *Natural Hazards Review*, November. pp. 176~185.

Luhmann. N. 1988. "Familiarity, Confidence, Trust." D. Gambetta(ed). *Trust: Making and Breaking Cooperative Relations*. Basil Blackwell Ltd.

Marshall, Brent K, J. Steven Picou and Duane A. Gill. 2003. "Terrprism as Disaster: selected commonalities and long-term recovery for 9/11 survivors." *Research in Social Problems and Public Policy*, Vol. 11, pp. 73~96.

Mathbor, G. M. 2008. "Enhancement of community preparedness for natural disasters: The role of social work in building social capital for sustainable disaster relief and management." *International Social Work*, Vol. 50, No. 3, pp. 357~369.

Michel, Lacie M. 2007. "Personal Responsibility and Volunteering After a Natural Disaster: The Case of Hurricane Katrina." *Sociological Spectrum*, Vol. 27, pp. 633~652.

Munilla, lgnacio. 2008. "Seabirds and Oilspills: the case of the Prestige oilspill in NW Spain." 삼성중공업 해상크레인: 허베이스피리트호 충돌 서해안 유류오염사고 1년 후 현황과 대회 자료집. 생태지평연구소.

Norris, F. Byrne, E. C. M. Diaz and Kanisasty. 2001. "The range, magnitude, and duration of effects of natural and human-caused disaster: A review of the empirical literature." National Center for PDST.

Palinkas, Lawrence A., Michael A. Downs, John S. Petterson and John Russell. 1993. "Social, Cultural and Psychological Impact of Exxon Valdez Oil Spill." *Human Organization*, Vol. 25, No. 1, pp. 1~13.

Picou, J. Steven. 2008. "Disaster Recovery as Translational Applied Sociology: Transforming Chronic Community Distress." *Humboldt Journal of Social Relations*, Vol. 32, No. 1, pp. 123~157.

Picou, J. Steven and Brent K. Marshall. 2007. "Katrina as Paradigm Shift: Reflections on Disaster Reesearch in the Twenty-First Century." David Brunsma, David L. Overfelt and J. Steven Picou(eds). *The Sociology of Katrina: Perspectives on a Modern Catastrophe*. Rowman & Littlefield Publishers Inc.

_____. 2000. "The 'Talking Circle' as Sociological Practice: Cultural Transformation of Chronic Disaster Impacts." *A Journal of Clinical and Applied Sociology*, Vol. 2, pp. 77~97.

Picou, J. Steven, Brent K. Marshall and Duane A. Gill. 2004. "Disaster, litigation and the Corrosive Community." *Social Forces*, Vol. 82, No. 4, pp. 1493~1522.

Picou, J. Steven, Duane A. Gill and M. J. Cohn. 1997. *The Exxon Valdez disaster: Reading on a modern social problem*. Dubuque.
Quarantelli, Enrico L. 1992. "The Case for a Generic rather than Agent Specific Approach to Disasters." *Disaster Management*, Vol. 2, pp. 191~196.
Ritchie, Liesel A and Duane A. Gill. 2004. "Social Capital and Subsistence in the Wake of the Exxon Valdez Oill Spill." Annual meetings of the Rural Sociological Society.
Sahlins, Marshall D. 1972. *Stone Age Economics*. Chicago: Aldine.
Schutz, Alfred. 1962. *The Phenomenology of the Social World*. Northwestern University Press.
Tierney, Kathleen J., Michael K. Lindell and Ronald. W. Perry. 2001. *Facing Unexpected: Disaster Preparedness and Response in the United States*. Joseph Henry Press.
Winser, Ben, Piers Blaikle, Terry Cannon and Ian Davis. 2004. *At Risk: Naturel Hazards, People's Vulnerability and Disaster*. London: Routledge.
Zucker, Lynne G. 1986. "Production of Trust: Institutional Source of Economic Structure." *Research in Organizational Behavior*, Vol. 8, pp. 53~111.

찾아보기

ㄱ

갈등 12, 18, 22, 26~29, 36, 49, 68, 70, 72, 85~86, 90~92, 128, 156~159, 162~166, 169, 172, 174, 176, 178, 181, 185~186, 191, 193~196, 200~204, 206, 213

경제구조 12, 29, 35, 48, 100, 102, 188, 191, 195, 207~208

경제적 영향 12, 15, 48, 138, 188, 196, 205, 207, 209

공동점유 33, 116, 123

공동체의 연대 26, 156

관광업 35, 99~100, 102, 104~105, 113~114, 116~118, 143, 145~147, 151~153, 173, 176~177, 181, 188, 190~193, 195, 197, 205, 207~209

기름유출사고 5, 7, 11, 17, 20, 27, 49, 55, 58, 60, 66~68, 75, 78, 82~83, 87~88, 124~125, 139, 145~146, 148~150, 153, 156, 173~175, 178, 182, 187, 191, 207

기술재난 14~15, 19~25, 68, 91, 191, 211~213

긴급생계안정자금 69

ㄷ

도산도 51~52, 93, 96, 98, 100, 102, 104~106, 108~110, 112~120, 122~128, 133~134, 136, 138~142, 148~151, 153~155, 157~159

ㅁ

마을자치조직 42~43, 70, 119, 121

ㅂ

방제 64, 73, 172

방제작업 5, 27, 51, 54, 64, 66~67, 73~75, 87~88, 90, 141, 149, 153~155, 161, 163~168, 169, 174, 181, 183, 185~186, 193, 195, 203, 205

부식공동체 21, 23~24, 68

비교연구 6, 11, 18, 49, 52

ㅅ

사회경제적 영향 6~7, 11~12,

18, 47~50, 52, 66, 68
사회관계　7, 12, 16, 22, 29, 35~36, 45, 48, 52, 92, 127, 134, 182, 198, 209, 212
사회영향연구　15~16
사회영향평가　17~18
사회자본　12, 26, 28~29, 35~46, 48, 121, 127~132, 196, 198~200, 207, 209~212
사회재난　11, 18
사회적 영향　12, 15, 48, 122, 156, 191, 200, 207~208, 210
삼성중공업　10, 60, 78~79, 83~86, 89, 91, 169, 172, 191, 195, 206
상호협력　134, 156, 158
생계비　69~72, 75, 90, 149, 153~154, 159~160, 162~166, 172~174, 181~182, 193, 195, 198, 203~204, 206, 208~209, 212
시민단체　48, 73, 76, 83~84, 87, 90
신뢰　12, 26, 36~38, 40~41, 44~45, 49, 85, 87, 90~91, 128, 133, 156, 178, 180~182, 185, 195, 206

ㅇ

양식어업　35, 46, 97, 102, 104, 109~110, 114~115, 141~142, 144, 150, 188, 190, 192, 196, 207
어선어업　35, 46~47, 99, 102, 104~105, 107~111, 114~118, 121, 139, 142~143, 145~147, 149~153, 173, 176~177, 188~191, 197, 207~209
어업공동체　29~31, 33~34, 121, 123, 125
어촌계　30, 34, 43~47, 52, 54, 108~109, 121~127, 132~134, 139, 142, 175~177, 196~199, 209~210
어촌공동체　29~30, 33~35, 40
연결망　12, 34~38, 40~41, 44~46, 121, 123, 128, 130, 132, 134~135, 196
연대성　36
월산1리　50~53, 113~114, 117~122, 125~128, 133~134, 136, 145~147, 152~155, 157~159, 162, 172, 174~179, 182, 184, 186, 188~195, 197~200, 202~210, 213
위험사회론　14

「유류오염특별법」 76
유류피해대책위원회　178, 180

ㅈ

자연자원의존 공동체　28, 47, 188,
　211
자연재난　19~22, 24~25, 91, 212
자연적 기술재난　20
재난　7, 12~13, 15, 19~29, 48~
　49, 90~92, 153, 156, 188,
　191, 211
재난영향　6, 18, 24~25, 27, 29,
　47~48
주민교류　12, 27, 43, 207
주민협력　156~159, 162, 191,
　200, 206
지역성　40~42, 117~118, 131,
　196

ㅊ

채취(맨손)어업　34, 46, 102, 104~
　105, 107~110, 112, 115, 120,
　123~124, 132~133, 138~139,
　197
치료공동체　21

ㅌ

태안군　10~11, 18, 50~51, 60,
　63~65, 69~71, 74~75, 86,
　88, 100, 112~114, 124, 143,
　146, 155, 168~169, 175

ㅎ

하전2리　96, 98, 101~102, 104,
　106~107, 109~110, 136
허베이스피리트호　7, 17, 27, 76,
　60, 78~79, 81, 83, 87
협력　48~49, 127, 156~159, 185,
　191, 198
환경재난　7, 10~11, 18

I

IOPC기금　6, 74, 77, 80, 81, 83,
　90, 92, 155, 164~165, 169,
　211

지은이

김도균

1973년 전북 고창에서 태어나 전북대학교 사회학과에서 학부와 석사를 마치고 충남대학교에서 「환경재난과 지역사회의 변화: 허베이스피리트호 기름유출사고가 어촌마을에 미친 사회·경제적 영향 비교」로 사회학 박사학위(2010)를 받았다. 주요 논문으로는 「한국 환경사 연구의 동향과 과제」(2008), 「허베이스피리트호 기름유출사고에 의한 섬주민들의 삶의 변화」(공저, 2008), 「어촌마을의 사회자본과 어촌계」, 「환경재난에 의한 어촌마을의 주민 갈등과 사회자본」, 「중국정부의 토지유전정책과 농촌사회의 변화」(공저, 2011), 「대전지역 민주노조운동의 태동과 형성」(2011), 「허베이스피리트호 기름유출사고에 의한 피해주민의 외상후 스트레스 장애와 취약성변수」(공저, 2011) 등이 있다. 현재 충남대학교와 우송대학교에서 사회학 관련 강의를 하고 있으며, 지역시민단체 대전시민아카데미의 지원으로 운영하는 인문·사회과학 연구자들의 연구공간 '수작'에서 연구에 몰두하고 있다.

한울아카데미 1379
환경재난과 지역사회의 변화
허베이스피리트호 기름유출사고의 사회재난

ⓒ 김도균, 2011

지은이 • 김도균
펴낸이 • 김종수
펴낸곳 • 도서출판 한울
편집책임 • 박록희
편집 • 염정원

초판 1쇄 인쇄 • 2011년 8월 13일
초판 1쇄 발행 • 2011년 9월 20일

주소(본사) • 413-756 파주시 교하읍 문발리 535-7 302
주소(서울사무소) • 121-801 서울시 마포구 공덕동 105-90 서울빌딩 1층
전화 • 영업 02-326-0095
　　　　편집 031-955-0606 (02-336-6183/서울사무소)
팩스 • 02-333-7543
홈페이지 • www.hanulbooks.co.kr
등록 • 1980년 3월 13일, 제406-2003-051호

Printed in Korea.
ISBN (양장) 978-89-460-5379-3 93330

＊ 책값은 겉표지에 표시되어 있습니다.